조연현 평론선집

<지식을만드는지식 한국문학평론선집>은
한국 근현대 평론을 대표하는 평론가 50인을 소개합니다.
학술적 가치, 문학사적 영향력, 비평 이론의 독자성 등을
기준으로 주요 평론을 선정했습니다.

지식을만드는지식 한국문학평론선집

조연현 평론선집

조연현 지음

서경석 엮음

대한민국, 서울, 지식을만드는지식, 2015

편집자 일러두기

- '한국문학평론선집'은 지식을만드는지식과 한국문학평론가협회가 공동 기획했습니다. 한국문학평론가협회는 한국 근현대 평론을 대표하는 주요 평론가 50명을 엄선하고 권위를 인정받은 평론가를 엮은이와 해설자로 추천했습니다.
- 엮은이는 직접 작품을 선정하고 원전을 찾아냈으며 해설을 작성했습니다.
- 작고 평론가의 작품은 초판본을 저본으로 삼았습니다. 초판본은 작품이 처음 발표된 지면의 것을 기준으로 삼되, 엮은이 또는 학계의 판단에 따랐습니다. 초판본을 구할 수 없는 작품은 초판본에 가장 근접한 것을 사용했습니다.
- 각 작품의 끝에 작품이 처음 발표된 지면과 시기를 밝혔습니다. 작품 저본이 발표 지면과 다를 때는 괄호 안에 따로 표시했습니다.
- 이 책은 지식을만드는지식의 편집 방침에 따라 저본의 표기를 그대로 살렸습니다. 단, 오기가 분명하다고 판단되는 표기는 바로잡았습니다. 예) 模索 → 摸索, 決局 → 結局, 憧着 → 撞着, 皮想的 → 皮相的, 動謠 → 動搖 등.
- 약물은 지식을만드는지식의 편집 방침에 따랐습니다. 단행본, 잡지명, 신문명 등 인쇄물 제목에는 ≪ ≫, 시, 논문, 미술품 등 작품 제목에는 < >을 사용했습니다. 괄호 안의 말과 바깥 말의 독음이 다를 때, 괄호가 중복될 때에는 [ ]를 사용했습니다.
- 주석은 독자의 이해를 돕기 위해 엮은이가 단 것입니다.
- 띄어쓰기는 가독성을 고려해 현대의 표기법에 따랐습니다.

차 례

論理와 生理 - 唯物史觀의 生理的 不適應性 · · · · · 1
枯渴한 批判 精神 - 眞正한 價値判斷을 爲하여 · · · · 9
文學의 領域 - 宗敎와 哲學과 文學의 基礎的 內容 · · 19
文學과 思想 - 文學에 있어서의 思想性 · · · · · · 29
虛無에의 意志 - ＜黃土記＞를 通해 본 金東里 · · · 47
本格小說論 - 小說의 正道와 그 究竟 · · · · · · · 61
批評의 論理와 生理 - 나의 批評文學觀 · · · · · · 95
槪念의 空虛와 그 模糊性 - 白鐵 氏의 ≪朝鮮 新文學 思潮史≫를 中心으로 · · · · · · · · · · · · · 111
近代 朝鮮 小說 思想 系譜論 序說 - 우리의 近代小說이 試驗한 思想的 課業 · · · · · · · · · · · · · 131
救援에의 渴望 - 生의 創造로서의 文學 · · · · · 155
批評人의 悲哀 - 未知의 靑年 ×에게 · · · · · · 165

해설 · 179
조연현은 · · · · · · · · · · · · · · · · · · 190
엮은이 서경석은 · · · · · · · · · · · · · · · 194

論理와 生理
－唯物史觀의 生理的 不適應性

"現實은 合理的이며 合理的인 것은 現實的인 것이다"라는 '헤-겔'의 命題는 近代 合理主義의 基礎가 되었을 뿐 아니라 "革命의 理論이 없는 곳에 革命的 實踐이 없다"(레-닝)라는 現代 唯物史觀의 論理의 基礎이기도 했든 것이다. 그러므로 "物質이 意識을 決定한다"(맑스)라는 原則下에 唯物史觀은 自己 自身을 合理化식히는 데 一切의 論理를 動員식혔든 것이다. 唯物史觀에 依하면 論理的으로 理解되지 않은 現實이란 있을 수 없으며 現實의 一切의 것은 論理的으로 把握할 수 있다고 信念되는 것이다. 이러한 論理에의 信仰은 唯物史觀으로 하여금 一切의 것에 對하야 論理的 規定을 갖게 하였든 것이다. 그러므로 唯物史觀에 있어서는 하나의 現實이 形成되기 前에 하나의 論理가 成立되어야 하며 하나의 論理는 반다시 하나의 現實을 結果식혀야 하였든 것이다. 다시 말하면 理論은 實踐에 先行해야 하며 論理는 現實을 先行한다는 것이다. 그러므로 唯物史觀에 있어서의 論理的 必然性은 그것이 곧 歷史的 必然性으로 認定케 되었든 것이다. 이러한 意味에 있어 '쏘베트' 聯邦의 革命은 唯物史觀의 論理의 信仰을 現實的으로 一層 깊게 認識식히기에 充分했으며 더욱이 現代 資本主義의 桎梏과 現代 智識人의 主觀的 貧困은 거기에서 오히려 一種의 光明까지도 發見하였다고 信念하기에 이르렀든 것이다. 世界

의 많은 智識人과 世界의 많은 無産大衆이 한 개의 福音을 거기에서 느낀 것도 決코 無理는 아니였든 것이다. 二十世紀의 最高 知性인 '앙드레·지-드'까지가 소聯의 政治와 制度를 讚揚하였다면 두말할 것까지도 없을 것이다.

그러나 소聯에 對해서 그렇게 絶讚하고 그렇게 熱狂的인 讚詞를 보냈든 '지-드'가 소聯을 訪問한 후 態度 一變하야 소聯의 政治와 制度에 對하야 말할 수 없는 深刻한 懷疑를 품게 된 것은 무슨 理由인가. '지-드'는 決코 소聯을 無條件하고 讚揚하든 時俗의 亞流가 아니였음은 確實했든 것이다. '지-드'가 最初에 소聯을 讚揚한 것은 소聯의 根本 理念에 共鳴했기 때문이였든 것이다. 그러나 그가 讚揚한 根本 理念이 具體的인 制度로서 現實化된 소聯을 視察하고는 소聯의 理念에까지 懷疑를 느낀 것은 무슨 理由인가. '지-드'가 소聯 視察 後 具體的으로 指摘한 그의 懷疑의 要点은 人間의 劃一主義에 對한 個性의 不滿이였지만 眞實로 '지-드'가 느낀 것은 오히려 더욱 深刻한 곳에 있었든 것이다. 그것은 唯物史觀이 人間의 劃一主義를 招來한다는 것은 唯物史觀 그 自體가 各種各色의 個性을 갖인 人間의 生理에 不適應하다는 것을 意味하고 있다는 것이다. 勿論 '지-드'는 그와 같이 明白하게 指摘하지는 않았으나 '지-드'의 懷疑의 要点은 亦是 그런 것이였음을 우리들은 그의 紀

行文의 不可 몇 句節에서도 發見할 수 있는 것이다. 나는 唯物史觀의 生理的 不適應性에 關해서 몇 가지 具體的인 事例를 들어 보기로 한다.

'치호놉'1) '조시쟁크'2) '아흐마도바'3) 등은 소련文學家同盟의 가장, 重要한 位置를 찾이하고 있는 소련의 大作家들이었다. 이 사람들은 唯物史觀의 文學을 爲해서만 存在하는 소련文學家同盟에 唯物史觀의 文學을 하기 爲해서 加盟했으며 가장 그 目的 達成을 爲하야 熱情的으로 文學 行動을 해 온 그야말로 唯物史觀을 爲한 作家들이였든 것이다. 그러나 數 個月 前 소련文學家同盟은 이 三作家를 除名해 버렸든 것이다. 이 三作家들은 充分히 除名에 該當한 過誤를 犯했든 것이다. 그것은 唯物史觀에 背馳되는 作品을 生產했기 때문이다. 이 三作家는 가장 意識的으로 그리고 가장 熱情的으로 唯物史觀을 爲하야 文學해 왔건만 結局

---

1) 치호놉: 니콜라이 티호노프(Николай Тихонов, 1905~1997). 러시아의 시인이다. 혁명적 낭만주의로 가득 찬 회화적 작풍으로 유명하다.

2) 조시쟁크: 미하일 조셴코(Михаил Зощенко, 1895~1958). 러시아의 풍자 작가다.

3) 아흐마도바: 안나 아흐마토바(Анна Ахматова, 1889~1966). 러시아의 시인이다. 시에 현실성을 추구한 아크메이즘에 참가했다.

은 그것과 背馳되는 作品을 내놓고 마랏든 것이다. 이러한 것은 勿論 그 作家들이 全혀 豫想치도 못한 作品의 結果였든 것이다. 이것은 무엇을 意味하는 것인가. 勿論 세 사람의 唯物史觀에 對한 認識이 不足했다든지 或은 反動的 傾向으로 흘렀다든지 여러 가지 理由를 說明할 수는 있을는지 모르나 그러한 것은 모다 枝葉的인 問題에 지나지 않으며 根本的인 것은 그렇게 쓰려고 했으나 그렇게 쓰여지지 않았다는 点에 있을 것이다. 다시 말하자면 그들의 論理的 眞實은 唯物史觀을 爲해서 實踐한 것이건만 그들의 生理的 眞實이 그것을 拒否했다는 데 있을 것이다. 이러한 예는 亦是 唯物史觀을 爲하는 元山文學家同盟에서 發行한 詩集 ≪凝香≫에 對해서도 말할 수 있을 것이다. 朴庚守, 康鴻運, 具常浚 氏 等 이러한 분이 元山文盟에 籍을 둔 以上 元山文盟의 路線에 積極的이든 消極的이든 같은 作品 步調를 取할 수 있을 것으로 알 것이다. 그런데 나타난 詩集 ≪凝香≫은 元山文盟의 路線과는 深刻하게 相反된 것이 되여 버리고 만 것이다. 이러한 事實 亦是 唯物史觀에 對한 論理的 追從은 可能했으나 生理的 反撥이 不可避했다는 證左일 것이다. 다시 말하자면 이러한 모든 論理的 推進에 對한 生理的 拒否는 唯物史觀이 人間의 生理에 不適應하다는 端的인 證明이라는 것이다. 여기에 있어서 우리들은 論理的으로 可

能한 것이 生理的으로 不可能한 理由를 究明해 볼 必要가 있을 것이다. 大體로 論理가 한 개의 概念이라면 生理란 人間의 現實 그 自體일 것이다. 아모리 現實을 完璧하게 理論化하였드라도 論理는 現實은 아닌 것이다. 그러나 生理는 어느 人間이고 自己의 生理를 버서날 수 없다는 点에 있어 生理는 人間의 最初의 그리고 가장 直接的인 現實일 것이다. 그러므로 論理가 모든 問題를 合理的으로 規定할 수 있는 데 反하야 生理는 生命的으로 營爲하는 道理밖게는 없는 것이다. 그것은 論理란 언제나 한 개의 假定에서 出發되는 것이기 때문에 그가 必要한 結論을 爲해서라면 그 結論을 招來할 수 있는 假定을 얼마든지 設定할 수 있는 데 反하야 生理는 恒常 어찌할 수 없는 絶對的인 것에서부터 出發되는 것이기 때문에 生理의 結果는 늘 運命的인 것이 되는 것이다. 다시 말하면 論理의 結論이란 것은 理論的 必然性에서 오는 것에 不過한 데 比하야 生理의 結果는 現實的 必然性에서 온다는 것이다. 그러므로 論理的으로 可能한 것이 生理的으로 不可能한 것은 理論的 必然性이 現實的 必然性을 左右할 수 없기 때문인 것이다. 그러나 現實的 必然性은 論理的 必然性을 얼마든지 左右할 수 있는 것이다. 그것은 生理의 絶對性이 論理의 假定性을 左右식힐 수 있기 때문이다. 다시 말하면 論理的 可能性은 生理的으로 얼마든지 不可能할 수 있으나 生理的 可能性은 얼마든지 論理的으로도 可能할 수 있다는 것이다. 이것은 또한 우리의 生理나 現實은 如何한 論理를 抽象식힐 수 있을 만치 그만침 論理보다 豊富하다는 것이다.

이러한 見地에서 省察해 볼 때 사람이 산다는 것은 무엇보다 먼저 그것이 人間의 生理的 營爲지 人間의 論理的 展開가 아니라는 것이다. 人間이 한 개의 觀念이나 思想에 아모리 自己를 依據식혀도 그 觀念이나 思想이 自己에게 適應치 않을 때 그의 生理가 反撥하게 되는 것이다. '치호놉' '조시쟁크' '아흐마도바'와 그리고 ≪凝香≫의 詩人들은 그들의 生理가 그들의 觀念이나 思想을 拒否한 좋은 例이며 '지-드'의 소聯에 對한 懷疑 亦是 그의 生理的 眞實이 그의 論理的 眞實에 對한 懷疑의 좋은 例인 것이다. 다시 말하면 이러한 事例는 唯物史觀의 生理的 不適應性의 좋은 例들인 것이다.

오늘 우리들은 '헤-겔'의 命題를 다음과 같이 곳처 둘 必要가 있을 것이다. '生理的으로 可能한 것은 現實的일 수 있으나 生理的으로 不可能한 것은 現實的일 수는 없다'라고—.

≪백민≫, 1947. 9

枯渴한 批判 精神
― 眞正한 價値判斷을 爲하여

나는 元來 評論이라는 한 개의 文學 形式에 對하여 不信任해 온 者다. 그것은 評論이라는 것이 正確해 보이면서도 至極히 曖昧한 論理라는 方法에 依據해 있을 뿐 아니라 評論이란 創作과 달라 作者가 얼마든지 그곳에서 自己를 속일 수 있게 마련되어 있기 때문이다. 그러므로 最近에 가장 많이 活動하고 있는 金東里 氏의 如何한 評論的 文字도 나에겐 氏의 가장 低劣한 作品의 어느 한 句節보다도 無價値하게 생각되는 것이다. 그뿐만 아니라 우리가 評論에서 要求하고 있는 批判 精神이라는 것이 評論에서보담도 作品에서 더 많이 發見되는 事實을 省察해 본다면 評論이라는 文學 形式이 얼마나 無用한 것인가를 認識하지 않을 수 없을 것이다. 그럼에도 不拘하고 우리는 왜 評論이라는 한 개의 文學 形式을 强力하게 維持해 나가고 있는가, 그것은 評論 亦是 詩나 小說과 마찬가지로 한 개의 創作이기를 所望하고 있기 때문일 것이다. 詩나 小說이 現實을 素材로 해서 作者의 世界를 創作한 것이라면 評論은 그러한 作品을 素材로 하여 評論家 自身의 世界를 創作하는 것이어야 한다는 데 있었을 것이다. 評論의 本質은 亦是 '아나돌 푸랑스'[4]의 말처럼 '남을 내세워 自己들이 이야기하는 것'일

---

4) 아나돌 푸랑스: 아나톨 프랑스(Anatole France, 1844~1924). 프랑

것이다. 이러한 意味에 있어서의 評論이란 批判 精神의 發動이나 價値判斷이기보담 한 개의 創作 意欲의 表現이요 한 개의 價値 創造라는 데 우리 關心과 興味의 對象이 있을 것이다.

그러나 우리가 解放 以後 日常的으로 試驗하고 있는 一切의 批評的 形式을 가진 評論이 이러한 創作 意欲의 發[5]動으로 因한 價値 創造의 그것이 아니라 批判 精神의 發動에서 나온 價値判斷에의 意慾이였음을 우리는 容易하게 理解할 수 있었든 것이다. 그러나 解放 以後 우리 文壇을 橫行한 一切의 批判的 文字가 批判 精神의 發動에서가 아닌 얼마나 많은 性急한 價値判斷의 斷案을 나려왔는가 하는 것을 우리들은 切實히 記憶하고 있는 것이다. 그러면 批判 精神을 갖지 않어도 價値判斷을 나릴 수 있는가, 勿論 그것이 可能한 때도 있을 것이다. 그러나 오늘 아직도 모든 것이 混亂해 있을 뿐 아니라 한 개의 決定的인 斷案을 나리

스의 소설가 겸 평론가. 작품 사상으로 지적 회의주의(知的懷疑主義)를 지니며 자신까지를 포함한 인간 전체를 경멸하고, 사물을 보는 특이한 눈, 신랄한 풍자, 아름다운 문체를 사용했다. 1892년에 아카데미 회원이 되었으며, 1921년 노벨문학상을 수상했다. 주요 작품에는 ≪실베스트르 보나르의 죄≫ 등이 있다.

5) 원전에서 분명하게 보이지는 않으나 문맥상 '發'이 적절해 보인다.

기에 至極히 어려운 瞬間에 逢着해 있는 우리에게 眞實로 要求되는 것은 어떤 性急하고도 自信 없는 價値判斷이 아니라 眞正한 價値判斷을 招來할 수 있는 批判 精神의 發動이여야 할 것이다. 이것은 眞正한 批判 精神의 發動은 언제나 必然的으로 眞正한 價値判斷을 나리게 되기 때문이다. 이러한 意味에 있어 最近의 昨今 兩年에 우리 文壇의 評論 活動에 얼마나 批判 精神이 去勢되여 있었는가 하는 것을 檢討해 보는 것도 興味 있는 일일 것이다.

언젠가 文學家同盟의 機關誌 ≪文學≫ 三號에 金永錫氏와 또 어느 분(氏名을 잊었다)의 '테로文學論'과 '賣國文學論'을 읽고 그 지나친 人身攻擊과 虛無孟浪한 根據 없는 事實의 造作에 이러한 것도 批評일 수 있을가 하는 暗澹한 不安 속에 사로잽힌 적이 있었는데 最近(昨年 末) 池大偉라는 분의 '文學의 一年'(≪朝鮮春秋≫ 創刊號)이란 글을 읽고 亦是 이와 비슷한 不安을 아니 가질 수 없었다. 同 一文 中에는 勿論 '테로文學論'이나 '賣國文學論'에서 보아온 것과 같은 지나친 人身攻擊과 根據 없는 事實의 造作 같은 것은 보이지 않았으나 一九四七年度의 文壇을 決算하는 該 一文은 公正한 立場에서 取扱하는 체하면서 文學家同盟系의 作家를 中心으로 展開시킨 것은 어쩔 수 없는 일이라 하드라도 靑年文學家協會나 文筆家協會系의 作家

들과 그 外의 黨의 文學을 排擊하는 純粹 作家들의 活動이나 作品 行動에 對해서는 故意로 그 正當한 取扱을 回避 或은 默殺해 버린 態度는 人身攻擊이나 根據 없는 事實의 造作 以上의 政治的 理由에서 오는 派爭的 心理에서 記錄된 것이라고 믿어지지 않을 수 없었다. 더욱히 該 一文이 ≪一九四八年度 朝鮮 年鑑≫에 그대로 收錄되어 있는 것을 볼 때 이것은 偶然한 事實 같지도 않았다. 더욱히 一年 總評이라든지 한 해의 決算을 論述하는 이러한 評論에서는 文學的 理念이 다르다든지 政治的 位置가 反對의 立場에 있다 하드라도 그해에 나타난 文學 活動을 事實대로 指摘해 가며 얼마든지 自己의 主張을 基準으로 攻擊 或은 批判할 수 있음에도 不拘하고 이러한 作品이 있었다는 指摘만이라도 아니할 수 없는 重大한 文學 活動에 對하여 故意로 그것을 回避 默殺하는 이러한 態度 속에 손톱만 한 批判 精神도 있었다고는 믿을 수 없는 것이다. 이러한 눈알만 한 批判 精神의 發動 없이 純全히 어떤 政治的 派爭 心理에서 展開되여 온 것이 解放 以後 우리 評壇의 特色이였을 것이다.

그런데 文學家同盟系의 政治主義 作家들은 그들의 政治的 派爭 心理에서 이러한 眞正한 批判 精神에서가 아닌 그들이 所屬한 黨의 利益을 爲한 一種의 謀略的 批判을 試

驗하고 있는 데 比하여 이러한 黨의 文學을 批判하고 政治主義文學을 排擊하는 所謂 人間派나 純粹派 作家들의 評論은 私感이거나 或은 自己 '써-클' 中心의 派爭 心理로 因하여 그들이 生理的으로 가지고 있는 높은 批判 精神을 墮落시키고 있는 것 같았다. 이러한 類의 批評文을 一一히 指摘 攻迫할 수도 있으나 이것은 다음 機會로 미루기로 하고 다만 批判 精神의 發動이 없다는 意味에 있어서의 몇 마디의 나의 不滿을 이야기하기로 하겠다. 그것은 年前에 ≪京鄕新聞≫에 發表한 金光洲 氏의 <最近의 作壇>이란 時評과 이를 反駁한 崔泰應 氏의 <文學 雜感>(≪海東公論≫ 六號)과 郭鐘元 氏의 <丁亥年의 文壇 回顧>(≪白民≫ 一月號)에 對해서 쓰겠다. 먼저 金光洲 氏의 <最近의 作壇>은 作品에 對한 氏 自身이 가지고 있는 率直한 批判의 글이였다는 것보다도 各 作家에 對한 友誼와 文壇的인 諸般 事情에 對한 考慮에서 氏가 發動할 수 있는 批判 精神이 正當히 發動되지 못한 데 不滿을 아니 느낄 수 없는 것이다. 該 一文 中에 어떤 作家가 어떻게 不當히 批判當하고 있으며 어떤 作家가 어떻게 不當히 擁護되여 있었는가는 이미 文壇에서 論議되었음으로 더 말하고 싶은 興味는 없으나, 이를 反駁한 崔泰應 氏의 <文學 雜感>이란 一文은 더욱 기맥힌 것이였다고 아니할 수 없었다. 批

評 精神의 腐敗라는 副題가 붙은 該 一文은 누구누구는 自己 作品을 좋다고 하는데, 왜 金光洲 氏는 惡評을 하는 것이며 崔貞熙 氏보담 自己 文章이 나은데 崔貞熙 氏는 論難하지 않고 왜 自己 文章만 論難하는 것이냐 하는 式의 反駁인 데다가, 金東里 氏가 이러이러한 좋은 作品을 生産했는데 自己 外에는 그것을 言及한 者가 없으니 評壇은 腐敗했다는 것이다. 그러나 崔泰應 氏의 讀者인 某 學生과 某 氏가 氏의 作品을 칭찬했다는 것과 崔貞熙 氏보다 自己의 文章이 낫다는 것으로서는 金光洲 氏에 對한 反駁은 成立되지 않으며, 崔泰應 氏 혼자서 어떻게 金東里 氏를 發見 擁護해 왔는지는 모르나 自己 혼자 金東里 氏를 擁護했다는 것으로서 評壇의 腐敗는 證明되지 않는 것이다.

元來가 問題 삼을 程度의 것이 아니였으나 이러한 조금도 批判的인 個所가 없는 幼稚한 反駁文을 草하는 그러한 時間과 紙面에, 氏가 眞實로 좋다고 생각하고 있는 作品을 내는 것이 氏 自身을 爲하여 얼마나 利로운지 모른다는 意味에 있어 이에 言及한 것이다. 그리고 또한 郭鐘元 氏의 '現實과 文學 精神'이란 副題가 붙은 <丁亥年의 文壇 回顧> 속에서도 眞正한 批判 精神의 發動도 찾기 어려웠다는 不滿을 이야기해 두기로 한다.

다음으로 批判 精神의 發動인 것 같으면서도 조금도 批

判 精神은 發動되어 있지 않은 代表的인 批判家로서 白鐵 氏를 들 수 있을 것이다. 前記에 引例한 作家들이 그들의 政治的 理由에서 믿은 私感的 派閥心이 한 개의 積極的인 精神이 있음으로 因하여 하나의 批判 精神에까지 止揚될 수 있으나, 白鐵 氏에게 있어서 批判 精神의 枯渴은 氏의 最近의 몇 개의 評論을 읽음으로서 充分히 理解될 것이다. (계속)[6]

≪백민≫, 1948. 3

---

6) 이후 같은 제목으로 연재한 글이 없다.

文學의 領域

―宗敎와 哲學과 文學의 基礎的 內容

'文學의 思想的 基礎를 爲하야'라고 副題가 붙은 <文學하는 것에 對한 私考>(≪白民≫ 十三卷)라는 金東里 氏의 글을 나는 퍽 興味 있게 읽었다. 그것은 내가 漠然히 생각하고 있었던 信仰과 觀念과 思想에 對한 問題를 通한 文學의 領域에 關하여 좋은 暗示와 刺戟을 주었기 때문이다. 金東里 氏는 "文學한다는 것은" "究竟的인 生의 形式이 아니어서는 안 된다"고 말한 다음 이는 "無限無窮에의 意欲의 結實인 神明을 갖는 것이며 神明을 갖는다는 말이 거북하면 自我 속에서 天地의 分身을 發見한다고 해도 좋은 것이다"라는 說明을 附加하고 이것은 宗敎的 修行이나 哲學과 混同되지 않는 것이라는 意味의 말을 하였던 것이다. 나는 金東里 氏의 이러한 見解를 充分히 肯定할 수 있으며 文學한다는 것에 對해서 이러한 根本的인 態度를 언제나 嚴肅하게 確立식힐 수 있는 氏에게 對하야 늘 敬虔과 尊敬을 느껴 온 者다.

그러나 이에 對하야 나는 金東里 氏와는 別個의 한 개의 懷疑를 버릴 수 없는 것이다. 그것은 '究竟的인 生의 形式'이라는 것이 思想으로서 維持되는 世界가 아니라 信仰이나 觀念으로서 維持되는 世界가 아닌가 생각되기 때문이다. 金東里 氏도 '究竟的인 生의 形式'에 對한 氏 自身의 所信을 充分히 表現했다고는 믿을 수 없으나 '神明을 갖는다'

는 氏의 '究竟的인 生의 形式'이란 卑近한 例를 들어 이야기한다면 그것은 祈禱하는 形式이요 念佛하는 形式일 수 있을 것이다. 그렇다면 이것은 完全한 한 개의 宗敎일 수 있는 것이다. 그러나 그렇다고 나는 氏가 말한 '究竟的인 生의 形式'을 全的으로 宗敎로서 規定하려는 것은 아니다. 그것은 偉大한 第一級의 文學作品이 氏의 말처럼 '어떤 究極的인 生의 形式'을 志向해 왔을 뿐 아니라 그것을 完成하였다는 事實을 알기 때문이다. 사랑 속에 天地의 神明을 찾은 '딴데'의 <神曲>이라든지 最後로 天使들의 合唱 속에 天國으로 昇天해 가는 <파우스트>의 救援이라든지 '성기'(金東里 氏 作品 <驛馬>의 主人公)의 마즈막 出發 같은 것은 分明히 한 개의 '究竟的인 生의 形式'이라고 할 수 있는 것이다. 그러나 이러한 意味에 있어서의 '究竟的인 生의 形式'이란 宗敎的인 것이 아니라고는 또한 斷言할 수 없는 것이다. 이것은 文學이 그 究竟에까지 이르면 宗敎的인 世界에 到達하고 만다는 事實과 함께 考察해 볼 때 스스로 首肯되어지는 問題인 것이다. 가장 偉大한 文學일수록 가장 宗敎的인, 形式으로서 人間의 救援을 解決해 왔다는 것은 누구에게나 銘記되고 있을 것이다. 이것은 聖書를 펴고 생각해 보아도 알 수 있는 問題인 것이다. 聖書의 文章이나 詩篇은 確實히 文學인 것이다.

그러나 聖書가 文學作品이 아니고 宗敎書인 것은 그 內容이 神에 對한 信仰을 說敎했기 때문이 아니다. 그 속에 가장 높은 究竟的인 生의 한 形式이 記錄되어 있기 때문인 것이다. 萬一 聖書가 神에 對한 信仰을 說敎했기 때문에 宗敎書라고만 한다면 '뜨스뜨옆스키'의 <惡靈>이나 <카라마숖의 兄弟>와 같은 小說이나 金東里 氏의 <巫女圖> 같은 小說이나 或은 崔貞熙 氏의 <天脈> 같은 作品까지도 文學이 아니고 神이나 鬼神에 對한 信仰의 敎本일 것이며 超人을 說敎한 '니-체'의 <추아라토-추트라>와 같은 것은 더욱히 超人 宗敎書가 되고 말 것이다. 或은 如上의 作品들은 人間 問題를 主로 取扱했기 때문에 文學이고 聖書는 神에 關한 것을 主로 取扱했기 때문에 宗敎라면 이것은 形式의 分類일 수는 있으나 聖書에 있어서의 神의 問題가 高度한 意味에 있어서의 文學 以上의 人間 問題라면 形式의 分類란 한 개의 淺薄한 趣味에 지나지 못하고 마는 것이다. 그러면 이러한 模糊性은 무엇을 意味하는 것인가, 그것은 文學이 '究竟的인 生의 形式'을 志向하는 것은 事實이나 그것이 完成되는 瞬間 文學은 宗敎나 혹은 그 外의 哲學과 같은 다른 領域으로 戶籍을 옮기고 만다는 것이다. 文學의 領域은 어디까지나 '究竟的인 生의 形式'을 志向하는 過程에서만 成立되여질 수 있는 性質의 것이지 그것이 完成되면 文學과는 別個의 領域이 展開되지 않을 수 없다는 것이다. '뜨스뜨옆스카'의 <惡靈>이나 <카라마숖의 兄弟>와 같은 作品은 이러한 의미에 있어 文學이라기보담은 哲學이나 宗教에 가까웁다고까지 말할 수 있을 것이다. '소시마'나 '이왕'이나 '수타보로깅'과 같은 作中人物들은 性格의 差異에서가 아니라 제각금 어쩔 수 없는 서로 다른 強力한 한 개의 生의 形式을 具現하야 登場하는 것이다. 그러나 <惡靈>이나 <카라마숖의 兄弟>와 같은 作品이 끝까지 文學인 것은 作者의 分身들인 '소시마'나 '이왕'이나 '스타보로깅'의 生의 形式은 發見했으나 그 全部가 共存할 수 있는 作者 '뜨스뜨옆스키'의 究竟의 生의 形式을 다시 發見하지 않으면 아니 되였던 課題가 남아 있었기 때문에 '뜨스뜨옆스키'는 끝까지 文學家였던 것이다. '뜨스뜨옆스키'가 '소시마'나 '이왕'이나 '스타보로깅'이나 그 어느 한 개의 生의 形式에 滿足하였다면 '뜨스뜨옆스키'는 정말로 宗教나 哲學으로 그의 營爲를 옴겨 놓았을 것이다. 그러나 '뜨스뜨옆스키'는 그 어느 곳에서도 滿足하지 않엇던 것이다. 滿足할려면는 그것이 安住할 수 있는 世界가 되여야 하는 것이다. 安住할 수 있는 世界라는 것은 信仰이나 觀念으로서 維持되는 世界이다. 聖書가 充分히 文學的이면서도 宗教書인 것은 거기엔 人類가 安住할 수 있는 完成

된 生의 形式이 信仰으로서 確立 維持되여 잇끼 때문이다. 信仰이나 觀念으로서 維持되는 世界-그것은 宗敎나 혹은 그 外의 무슨 哲學의 世界일 수는 있으나 文學의 世界는 아닌 것이다. 그것은 宗敎의 基礎的 內容이 信仰이며 哲學의 그것이 觀念인 것처럼 文學에 있어서는 思想이기 때문이다. 思想이 信仰이나 觀念과 다른 点은 思想이 무엇을 形成할려는 데 있는 것이라면 信仰이나 觀念은 이미 形成되여진 곳에 있기 때문이다. 形成되지 않은 곳에 信仰이나 觀念은 發生되지 않는 것이다. 그러므로 文學이 究竟의 生의 形式을 形成식혓다고 信仰한다든지 觀念하는 瞬間 그것은 이미 文學의 領域에서 버서나는 것이다. 文學의 領域인 思想하는 世界란 어느 外國 作家가 指摘한 것처럼 '무엇을 形成식히기 爲하야 希望하고 絕望하고 懷疑하고 觀察하고 決意했다가 抛棄하고 다시 判斷하고 하는 世界'인 것이다. 다시 말하자면 生의 究竟의 形式을 志向하는 一切의 努力을 意味하는 것이다. 그러한 意味에 있어 究竟의 生의 形式이란 文學에 있어 언제나 아름다운 무지개일 수는 있으나 그 自體는 文學이 아닌 것이다. 그러나 文學이 언제나 宗敎나 哲學에 앞서 究竟의 生의 形式을 發見해 가는 것마는 事實이나 文學은 어떠한 生의 形式에도 머물지는 못한다는 것이다. 다만 文學이 發見해 논 生의 形式을 信仰이나 觀念으로서 宗敎나 哲學이 絶對의 世界인 양 守護 維持해 있을 뿐이라는 것이다. 여기에 있어 우리가 생각할 수 있는 것은 文學의 領域은 어디까지나 思想의 基礎 우에 있는 것이지 信仰이나 觀念의 基礎 우에 서 있지 않다는 것이다. 勿論 思想이 究竟에 達하면 信仰化하고 觀念化할 수도 있으나(우에서 文學이 究竟에 達하면 宗敎나 哲學이 된다라고 한 것은 이런 境遇를 말한 것이다) 그러한 때에는 이미 그것은 信仰이나 觀念으로 取扱되는 것이다. 그러므로 거듭 말하자면 '究竟의 生의 形式'을 文學이 志向하기는 하나 그것은 文學으로서 維持되는 것이 아니라 宗敎나 哲學으로서 維持되는 것이라는 것이다.

그런데 내가 느낄 수 있는 바에 依하면 金東里 氏는 究竟의 生의 形式에 對한 共同의 意欲을 갖었다는 同一한 目的意識에 眩惑되어 觀念과 信仰을 思想과 混同함으로서 文學을 宗敎나 哲學의 領域에까지 誘導해 가고 있지나 않은가 생각되는 것이다. 이것은 氏의 作品에서도 直接으로 느낄 수 있는 것이지만 該 一文에 나타난 論調라든지 哲學과 宗敎와 文學과의 關聯에 關한 氏의 模糊한 論理는 이 混同을 더욱 雄辯히 말하고 있는 것 갓기도 하얏다. 勿論 어떤 觀念이나 信仰을 思想할 때 思想된 觀念이나 信仰이 思想일 수 있으나 氏에게 있어서는 그와 反對로 思想을 觀

念化하고 信仰化하고 있으면서 이를 思想이라고 思惟하고 있는 것이다. 이에 對해서는 後日 다시 좀 더 具體的으로 言及할 수 있는 機會를 갖겠지만 文學은 어디까지나 文學의 領域에서만 可能해질 수 있다는 것을 强調해 두는 데 끝이기로만 한다. 그리고 이 文學의 領域이라는 것이 氏가 말한 職業的인 分業이 그것이 아니라는 것은 더 말할 必要가 없는 것이다.

≪백민≫, 1948. 5

文學과 思想
― 文學에 있어서의 思想性

나는 宗敎나 哲學의 基礎的 內容이 信仰이나 觀念에 있듯이 文學의 基礎的 內容은 思想에 있다고 말한 적이 있다 (≪白民≫ 通卷 十四號 拙文 <文學의 領域> 參照). 그러면 文學의 基礎的 內容인 思想이란 어떤 것이며 그것은 文學에 있어서 어떻게 나타나는가 하는 것이 問題되지 않을 수 없을 것이다. 이것은 思想이라는 것이 이를테면 政治思想이라든지 經濟思想이라든지 社會思想이라든지 하는 것과 마찬가지로 여러 가지 形態로서 存在해 있을 뿐 아니라 그 數多한 思想的 形態의 文學的인 可能性이 究明되어져야 할 것으로 믿어지기 때문이다.

이 問題의 解決을 爲해서 먼저 思想이란 어떤 것인가 하는 것을 究明해 보아야 할 것이다. 우리가 흔히 使用하고 있는 이 思想이라는 槪念을 正當히 把握해 보길 爲하야 이와 類似한 佛蘭西語의 '이데오로지-'라는 槪念과 '팡세'라는 槪念을 생각해 볼 必要가 있을 것이다. '이데오로지-'란 누구나 다 아는 바와 같이 觀念 形態를 意味하는 것일 것이며 '팡세'란 人間의 思惟나 思念을 말하는 것일 것이다. 그런데 우리가 思想이라고 할 때 그것은 아무래도 觀念 形態나 思念이나 思惟와는 좀 다른 것이라는 印象을 버릴 수 없는 것이다. 그것은 觀念 形態라고 하면 이미 固定된 形像된 어떤 狀態를 意味하고 있음에 比하야 思想이란 이미 固

定되고 形像된 狀態이기보담 움직이는, 形像하려는 狀態라고 생각되기 때문이다. 그러한 意味에 있어 思惟나 思念이 觀念 形態보다 思想의 槪念에 좀 더 接近된 것으로 볼 수 있으나 思惟나 思念의 世界를 單純한 '생각'의 世界로서 解釋한다면 이 또한 思想과는 若干의 差異가 있어 보이는 것이다. 그것은 思想이란 單純한 '생각'보다는 좀 더 意志的이요 積極的인 것으로 理解되기 때문이다. 그렇다면 單純한 '생각'이라고 할 수 있는 思想이라는 槪念을 우리는 結局 '무었을 形象하려는 생각'이라고 規定할 수 있을 것이다. '무었을 形象하려는 생각'이라는 것은 '이데오로지-'의 固定性에 比하면 充分히 動的이며 '팡세'의 單純한 생각에 比하면 充分히 意志的이요 積極的인 것이다. 그러면 '무었을 形像하려는'의 '무었'이란 무었인가, 그것은 結局 어떠한 人生觀이나 世界觀이 아니 될 수 없을 것이다. 그렇다면 思想이란 어떠한 人生觀이나 世界觀을 形成하려는 意志나 意欲과 같은 것이라고 볼 수 있을 것이다.

이러한 意味에 있어서의 思想이라는 것이 어떠한 具體的인 形象을 通하야 어떠한 形態로서 存在되고 있는가 하는 것을 살펴보아야 할 것이다. 卑近한 例를 들어 이야기한다면 '나는 三權分立의 議會 制度의 民主國家 建設을 希望한다'든지 '나는 三權 歸一의 階級 獨裁國家 建設을 主張

한다'든지 或은 '財産私有權이 容許되여야 한다'든지 '財産私有權을 없새야 한다'든지 或은 또 '階級을 超越한 人民 全體의 意思를 中心한 社會制度가 建設되여야 한다'든지 '階級을 中心한 社會制度가 樹立되여야 한다'든지 하는 이러한 無數한 希望이나 要求나 主張과 같은 것이 한 개의 思想이라고 말할 수 있을 것이다. 그것은 이러한 모든 것이 自己의 所望하는 어떠한 그 무었(人生觀이나 世界觀)을 形像(事實은 實現)하려는 意志的이며 積極的인 생각이 아닐 수 없기 때문이다. 그러므로 이러한 境遇에 '三權分立의 議會 制度의 民主國家 建設이냐, 三權 歸一의 階級 獨裁國家 建設이냐 하는 主張이나 要求를 우리는 한 개의 政治思想이라고 할 수 있을 것이며 '財産의 私有權의 認定이냐 否定이냐 하는 것은 經濟思想이라고 할 수 있으며 그다음의 것은 한 개의 社會思想이라고도 할 수 있을 것이다. 다시 말하자면 그가 提示하는 具體的인 內容과 性格의 差異에 依하야 그것이 政治的으로 表現될 때는 政治思想으로, 그것이 經濟나 社會學이나 其他 다른 形式으로 表現될 때는 經濟思想, 社會思想 其他 또 무슨 思想이라고 命名 區分할 수 있는 數多한 思想 形態로서 우리 앞에 登場한다는 것이다. 或은 이러한 모든 것을 思想이라 하기엔 多少 일르다면 그것은 어떤 種類의 思想의 表現이라고 해도 좋을 것이다. 勿論 이러한 數多한 思想的 形態를 嚴格하게 이것은 政治思想이요 저것은 經濟思想이라고 區別 分類되는 것은 아니다. 오히려 이러한 모든 思想의 種別은 그것의 根本問題를 考察할 때는 全혀 無意味한 分類의 趣味박게는 아니 되는 性質의 것이지만 便宜上 이렇게 各種의 思想의 類別로서 分類해 보는 것은 이미 現代의 常識的 行爲가 되여 있는 것이다. 要는 思想이라는 것이 이렇게 그가 提示하는 具體的인 條件의 性質이나 內容에 따라 여러 가지 形態로 存在해 있다는 데 있는 것이다.

그러면 이러한 모든 形態의 思想이 그대로 表現된 것이 文學이냐 하는 問題가 생겨질 것이다. 即 어떤 種類의 思想의 表現이라고 볼 수 있는 '財産의 私有權을 없새라'라든지 '三權分立의 政府를 세워야 한다'든지 하는 것이 그대로 文學일 수 있느냐 없느냐 하는 問題가 생겨진다는 것이다. 萬一 그러한 것이 文學일 수 있다면 우리는 '財産 私有論'이라든지 '三權分立論'이라든지 或은 其外의 數多한 政治的 經濟的 社會學的 生物學的 一切의 著述을 文學이라고 해야 할 것이기 때문이다. 그러나 우리들은 그러한 것이 文學이 아니며 文學이 될 수 없다는 것을 잘 알고 있는 것이다. 그러면 왜 그러한 것은 文學이 될 수 없는가, 文學의 基礎的 內容은 思想에 있는데 왜 그러한 政治的, 經濟的, 社

會學的, 生物學的 思想의 表現이 文學이 될 수 없는가, 첫재로 우리가 생각할 수 있는 것은 文學의 基礎의 內容을 이루고 있는 思想이라는 것이 充分히 政治的이며 經濟的이며 社會學的이며 또한 그 무슨 生物學的이였을 수도 있었는데 그것이 文學이 못 된다는 理由는 文學의 基礎의 內容이 思想에 있으나 文學에 있어서의 思想이라는 것이 그러한 政治思想이나 經濟思想이나 社會思想과는 本質的으로 다른 生理와 性格을 갖이고 있다는 데 있을 것이다.

萬一 그렇지 않다면 '三權分立의 政府를 세우라' '財産의 私有權을 없새라'라는 어떤 種類의 政治나 經濟思想의 表現이라고 볼 수 있는 이러한 것이 實際에 있어서 文學이 되지 못하는 理由를 說明해 볼 道理가 없을 것이기 때문이다.

이것은 어떠한 種類의 文學作品이든 한 篇의 文學作品을 앞에 놓고 거기에서 如何한 種類의 政治思想이나 經濟思想이나 或은 그 무슨 生物學이나 農政 思想도 誘導해 낼 수 없는 것에서도 明白한 것이다. 勿論 한 篇의 文學作品을 놓고 거기에서 어떤 種類의 政治思想이나 經濟思想이나 그 外의 또 그 무슨 思想을 誘引해 올 수는 있을 것이다. 그러나 그것은 한 개의 政治的 經濟的 또 무슨 的 解釋에 不過한 것이다. 그뿐 아니라 事實에 있어서 그러한 解釋이

充分히 可能하다 하드라도 그러한 境遇에 있어서 眞實로 그 作品을 한 개의 文學作品으로서 維持식히고 있는 條件은 그러한 政治的 經濟的 또 무슨 的 思想이나 解釋이 아니라 그와는 全혀 別個의 어떤 그 무엇에 依據하고 있는 것이다. 卑近한 例를 들어 이야기한다면 一般的으로 '필립'7)의 諸般 小說을 典型的인 社會主義文學이라고 말하고 있으나 事實은 '필립'은 社會主義라는 社 字도 몰랏든 作家이다. '필립'은 오히려 '니-체'의 思想을 자기의 것으로 삼으려 했든 作家였다. 이러한 것은 別個의 問題로 돌여 버리고 '필립'이 社會主義라는 한 개의 政治的 經濟的 思想에 依據해서 그의 諸般 小說을 生產했다고 하자. 그러면 정말 '필립'의 諸般 小說은 社會主義라는 한 개의 政治的 經濟的 思想으로서 維持되고 있는가, '필립'의 作品을 文學作品으로서 眞實로 維持식히고 있는 것은 社會主義라는 그러한 安易한 主義 思想이 아니라 헐벗고 굼주리고 그것으로 因하야 虐待받는 人間 精神의 表現이요 生活의 記錄이였든 것이다. 이것을 社會主義라는 한 개의 '카데고리'를 갖이

---

7) 필립: 샤를루이 필리프(Charles-Louis Philippe, 1874~1909)로 추정된다. 프랑스 소설가로, 주로 가난한 사람들을 소설에 담아낸 것으로 유명하다.

고 얼마든지 解釋할 수는 있을 것이다. 그러나 그러한 解釋을 千萬번 뒤푸리해도 그것만을 갖이고는 '필립'이 表現한 헐벗고 굼주린 人間의 受難과 苦憫은 理解되지도 않으며 把握되지도 않는 것이다. 이것은 '필립'이 社會主義라는 眼鏡을 갖이고 人間을 바라본 게 아니라 헐벗고 굼주린 人間에 對한 愛情으로서 人間을 바라봣기 때문인 것이다. 그러므로 '필립'이 事實에 있어 社會主義라는 한 개의 主義 思想을 갖이고 그의 모든 作品 制作에 臨했다 하드라도 그가 生産해 논 作品은 社會主義라는 '카데고리'만 갖이고는 어떻게도 할 수 없는 全혀 別個의 어떤 條件에 依하야 그 存在 價値를 維持하고 있게 되는 것이다. 이것은 作者의 意識 無意識을 不拘하고 眞實한 것이다. 萬一 '필립'의 諸般 小說이 社會主義라는 한 개의 '카데고리'에 依해서만 그 存在 理由가 있다면 우리는 '필립'의 小說이나 其外의 數多한 社會主義的 文學作品을 읽을 必要가 없이 著名한 社會主義 '꽘푸렡' 한 卷을 읽으면 고만일 것이다. 그러면 '필립'의 作品을 眞實로 維持하고 있는 社會主義 以外의 條件이라는 것은 무었인가, 그것이야말로 文學의 基礎的 內容인 文學에 있어서의 思想性일 것이다. 그렇다면 文學에 있어서의 思想性이라는 것이 그 生理나 性格에 있어 이미 本質的으로 政治思想이나 經濟思想이나 그 外의 一切의 文學 아닌 思想 形態와 다르다는 것은 또한 달라야 한다는 것은 이미 明白한 論理가 아닐 수 없다. 여기에 있어 비로소 文學에 있어서의 思想이라는 것이 처음으로 問題 되어지는 것이다.

그러면 먼저 文學에 있어서의 思想이라는 것이 어찌하야 政治思想이나 經濟이나 或은 그外의 文學思想을 除外한 그 어떠한 思想 形態와도 本質的으로 다른가 하는 것이 究明되지 않으면 아니 될 것이다. 우리가 쉽사리 알 수 있는 것은 政治思想이나 經濟思想이나 그 外의 一切의 思想 形態라는 것은 그가 가진 世界觀이나 人生觀을 現實的으로 實現(이 語意에 留意해 주기 바랜다)시키는 것이 그 生理요 性格인 데 反하야, 文學에 있어서의 思想이라는 것은 그가 가진 人生觀이나 世界觀을 形像(이 語意에도 留意해 주기 바랜다)시키는 것이 그 生理요 性格이라는 것이다. 좀 더 具體的으로 이야기하자면 政治나 經濟나 社會學에 있어서의 人生觀이나 世界觀은 그가 어떤 制度를 對象으로 하고 있음에 反하야 文學에 있어서의 人生觀이나 世界觀은 制度보다도 制度의 主體가 되어 있는 人間을 對象으로 하고 있기 때문에 政治思想이나 經濟思想이나 社會思想은 어떤 制度를 現實的으로 實現식힘으로서 그 目的을 達할 수 있으나 文學思想은 그러한 形式을 通해서는 自己를

實現식힐 道理가 없다는 것이다. 假令 '私有財産制度를 撤廢하라'든지 '三權分立의 政府를 세워라'든지 하는 모든 政治的 經濟的 思想이라는 것은 그것이 現實的으로 實現될 수 있으며 實現될 것을 目的하고 있으나 文學이 갖인 思想性이라는 것은 그것이 如何한 境遇를 莫論하고 私有財産制度를 撤廢하고 或은 三權分立의 政府를 세우듯이 그렇게 現實的으로 實現될 수 있는 性質의 것은 아니라는 것이다. 여기 '봉선화는 아름답다'라는 主題를 갖인 한 篇의 詩나 小說이 있다고 하자. 이것을 現實的으로 實現식히는 道理는 없을 것이다. 그러면 現實的으로 實現식힐 수 없는 것이 文學에 있어서의 思想性인가. 實現을 意識하는 政治的 經濟的 社會學的 立場에서 바라볼 때는 그러한 皮相的 判斷이 可能하다고까지 말할 수 있으나 事實은 그와 正反對다. 그것은 '봉선화는 아름답다'고 할 때 그것을 具體的인 現實 우에 實現식힐 수는 없으나 봉선화는 아름답다는 精神 속에는 이미 봉선화에 對한 한 개의 美意識이 形成되었다고 말할 수 있기 때문이다. 勿論 이러한 微弱한 한 개의 美意識만을 갖이고 文學에 있어서의 思想性이라는 것이 充分히 說明되었다고는 말할 수 없으나 쉽게 말하자면 文學에 있어서의 思想이라는 것은 처음엔 이러한 形式으로 나타나는 것이다. 이것을 承認할 수 없는 者는 東西古今의

無數한 歷代 名作이 갖인 虛無와 絶望과 悲劇과 不安과 失戀과 歡喜와 希望과 救援을 三權分立의 政府를 세우듯 或은 土地를 無償沒收하고 無償分配하듯 그렇게 現實的으로 實現식혀 보기를 바래는 것이다. 이러한 試驗 自體가 얼마나 無意味한 것이냐 하는 것은 文學에 있어서의 思想性이라는 것이 政治思想이나 經濟思想이나 社會思想과 같이 現實 우에 具體的으로 實現할 수 있는 그러한 性質의 것이 아니다. 現實的으로는 到底히 實現될 수 없는 人間의 어떤 實存的 可能性을 形象식히는 데 있기 때문이다. 그러므로 經濟思想이나 政治思想과는 아무런 關係가 없는 <파우스트>의 最後의 救援이라든지 '벨텔'의 失戀의 苦憫이라든지 '릴케'의 生命의 意識이라든지 '뜨스뜨엪스키'의 尨大한 觀念이라든지 '지-드'의 不安의 意識이라든지 '하이네'나 '바이롱'의 사랑의 感情까지도 文學에 있어서는 充分히 한 개의 思想인 것이다.

거듭 말하자면 政治나 經濟에 있어서의 思想性이라는 것은 그가 갖인 世界觀이나 人生觀을 現實的으로 實現식힐 수 있는 것임에 反하야 文學에 있어서의 思想性이라는 것은 그가 갖인 人生觀이나 世界觀의 實存的 可能性을 形成하는 데 있다는 것이다. 여기에 文學에 있어서의 思想性과 그 外의 政治나 經濟나 其他 모든 思想 形態의 그 性格

이나 生理가 本質的으로 相遠되는 理由가 있는 것이다.

그러면 이러한 文學에 있어서의 思想性의 좀 더 明確한 槪念은 어떤 것이며 이것은 또한 政治나 經濟나 其外의 모든 思想 形態와 어떠한 有機的 關聯을 갖이고 있는 것인가. 우에서 나는 봉선화에 대한 美意識이라든지 '필립'의 헐벗고 굶주린 人間에 對한 愛情이라든지 <파우스트>의 最後의 救援이라든지 '벨텔'의 失戀의 苦憫이라든지 '릴케'의 生命의 意識이라든지 '뜨스뜨옆스키'의 尨大한 觀念이라든지 '지-드'의 不安의 意識이라든지 '하이네'나 '바이롱'의 사랑의 感情까지도 文學에 있어서는 思想이라고 말했다. 이는 틀림없는 文學에 있어서의 思想인 것이다. 그것은 '봉선화는 아름답다'는 主題를 갖인 한 篇의 文學作品을 文學作品으로서 維持하고 있는 것이 봉선화에 對한 美意識인 것처럼 <파우스트>나 <벨텔의 苦憫>이나 '릴케'의 諸般 詩나 '뜨스뜨옆스키'나 '지-드'의 小說이나 '하이네'나 '바이롱'의 詩나 '필립'의 小說을 文學으로서 維持하고 있는 것이 그러한 作家들이 갖인 救援이나 失戀의 苦憫이나 生命의 意識이나 尨大한 觀念이나 不安의 意識이나 사랑의 感情이나 헐벗고 굶주린 人間에 對한 愛情이기 때문이다. 文學에 있어서 思想이라는 것은 이와 같이 作品의 生命을 維持하고 있는 그 本質的인 基礎的 內容을 意味하는 것이다.

如上에 引例한 作家나 作品 속에서 如上에서 引例하지 않은 無數한 政治的 經濟的 社會學的 思想이나 條件을 얼마든지 指摘하고 誘導해 나올 수도 있을 것이다. 그러나 그러한 것은 如上의 作家나 作品이 갖인 皮相的인 或은 部分的인 一面이요 그것을 指摘하고 誘導해 나온 政治的 經濟的 社會學的 解釋일 수는 있으나 그 作家나 作品의 存在 理由를 根本的으로 說明하고 있는 그 作家나 그 作品의 本質的인 生命은 아닌 것이다. 그러므로 文學에 있어서는 아무렇치도 않은 人間의 感情이나 愛情이나 或은 아무런 目的意識도 없는 絶望이나 虛無나 不安이나 或은 그 外의 數多한 各種의 意識이나 實現될 수 없는 各色의 憧憬이나 希求나 悲願 같은 것이 모다 思想일 수 있으며 思想인 것이다. 그뿐 아니라 그러한 虛無나 不安이나 絶望에 反抗하고 그것을 超克하려는 意志나 或은 各種의 憧憬이나 希求나 悲願을 反遂하기도 하는 一切의 意志的인 人間의 思念의 모든 樣態가 모다 文學에 있어서는 思想이 될 수 있는 것이다. 다만 이러한 모든 것을 어떻게 實存的으로 自己의 主體를 通하야 形像하느냐가 問題일 뿐이다. 이러한 文學에 있어서의 思想性이 政治思想이나 經濟思想이나 其外 무슨 社會思想과 全혀 無關係하다든지 或은 그 아무런 有機的 關聯性도 없는 것은 決코 아니다. 오히려 어쩔 수 없는 密接

한 關聯을 갖었다고 하는 것이 正當할 것이다. 다만 文學에 있어서의 思想性이 비록 政治思想이나 經濟思想이나 社會思想의 그것이였다 하드라도 文學에 있어서의 思想性은 그것이 如何한 '카데고리'的 意識에서도 아닌 人間의 純粹한 最初의 思念인 데 反하야 政治思想이나 社會思想은 人間의 純粹한 最初의 思念인 文學에 있어서의 思想性을 現實 우에 實現해야 한다는 目的 아래 制度와 關聯해서 再解釋한 것이라는 것이다. 여기에서 純粹란 말을 使用한 것은 그것이 어떤 目的意識의 그것이 아니라는 것이다. 失戀의 苦憫과 같은 文學에 있어서의 思想이 그것이다. 萬一 失戀의 苦憫을 戀愛하는 目的의 喪失에서 온 것이라 하야 失戀의 苦憫을 어떤 目的意識의 그것으로서 解釋한다면 이는 人間을 모르는 白痴라고 해야 할 것이다. 戀愛는 分明히 한 개의 目的이 없을 것이다. 그러나 그 目的의 喪失에서 오는 어쩔 수 없는 失戀의 苦憫을 억지로 갓다 붙일 目的이란 存在하지 않는 것이다. 萬一 억지로 갓다 붙일 目的이 있다고 하자, 그러나 한 人間의 失戀의 苦憫은 그 어떠한 억지로 갓다 붙일 수 있는 目的에서 온 것이 아니라 失戀한 悲哀에서 招來된 純粹한 苦憫인 것이다. 이러한 境遇에 失戀한 人間의 苦憫을 防止 或은 救助하기 爲하야 失戀 防止의 政治的 法律을 制定하고 失戀 防止의 經濟政策을 確立

하고 失戀 防止의 社會制度를 樹立하는 것은 좋은 일이요 有益한 事業일 것이다. 그러나 그러한 境遇에 그러한 失戀 防止策은 失戀에 對한 政治的 經濟的 社會學的 思想의 表現이라고는 볼 수 있으나 失戀에 對한 文學 思想의 表現은 아닌 것이다. 그것은 이미 防止한다는 目的意識이 있기 때문이다. 失戀하야 失戀을 防止하기 爲해서 失戀의 苦憫을 苦憫하는 사람은 없을 것이다. 이것은 무엇을 意味하느냐 하며는 우에서 말한 것처럼 文學에 있어서의 思想이란 人間의 純粹한 最初의 思念인 데 反하야 政治나 經濟思想은 그러한 人間의 純粹한 最初의 思念을 '現實 우에 實現(作品上에 實現하는 境遇엔 實現이 아니라 形像이다)한다는 目的意識 아래 再解釋한 것이라는 것이다. 여기에 있어 文學에 있어서의 思想의 意味와 그것과 政治思想이나 經濟思想이나 其外의 社會思想과의 關聯性이 明白해젓다고 할 수 있을 것이다. 이것이 明白해짐에 따라 우리들은 解放 以後부터 지금까지의 文學에 對한 政治的 社會學的 심지어는 經濟學的 理解와 解釋이 얼마나 文學에 對한 混亂을 增加식혀 왔으며 作品을 政治的 社會學的 심지어는 經濟學的 見地에서 出發식히려고 한 數多한 作家들이 얼마나 많은 過誤를 犯해 왔는지 알 수 있는 것이다. 모든 混亂과 過誤는 文學에 있어서의 思想性에 對한 認識 不足에서 招

來되였든 것이다. 우리는 爲先 文學을 그 混亂에서 救出하고 그 過誤에서 바로잡아 올리기 爲하야 文學에 있어서의 思想性에 對하야 깊은 配慮가 있기를 希願하지 않을 수 없는 것이다.

一九四八, 五月

≪백민≫, 1948. 7

虛無에의 意志

―＜黃土記＞를 通해 본 金東里

얼마 前에 나는 金東里 氏의 創作集 ≪巫女圖≫와 ≪驛馬≫를 中心으로 金東里 氏의 文學에 對한 나의 見解를 表明한 적이 있었다(≪文學 精神≫ 第二輯 <運命의 發見과 打開-金東里論> 參照). 거기에서 내가 意圖한 것은 金東里 氏가 '온 人類가 負荷한 共通된 運命'을 어떻게 發見했으며 '이것의 打開를 向하여' 氏의 情熱을 어떻게 받쳐 왔는가 하는 것을 究明해 보는 데 있었다. 이것은 短篇集 ≪巫女圖≫와 ≪驛馬≫에서 내가 나대로 가져 본 한 개의 問題의 設定에 지나지 않았던 것이다.

나는 그것으로써 金東里 氏의 作品 世界의 全部를 說明했다든지 그것으로써 完全히 金東里를 解釋했다는 것은 아니었다. 金東里 氏가 作品 行動을 繼續하고 있는 동안 氏에 對한 完全한 理解나 解釋은 있을 수 없을 것이다. 다만 그때의 나는 金東里 氏의 作品 世界가 가진 許多한 問題 中의 하나를 나대로 提起해 보았을 뿐이다. 그것은 그 當時의 나로서는 그 以外의 것을 想定해 볼 만한 餘裕도 없었을 뿐 아니라 그것을 追求해 본다는 것만으로써 나의 힘은 벅찼던 까닭이었다.

그런데 이번에 다시 또 發行된 氏의 第二創作集 ≪黃土記≫를 읽음으로써 나는 내가 '運命의 發見과 그것의 打開'라는 課題에만 너무 集中한 남어지 거기에서 아직 손 대지 못한 氏의 또 다른 一面을 發見하게 된 것이 이 붓을 들게 된 直接의 原因이다. 이것은 勿論 短篇集 ≪巫女圖≫나 ≪驛馬≫에 나타나지 않았던 것은 아니나 漠然히 내가 印象해 온 것이 ≪黃土記≫를 읽음으로써 明確한 認識을 나에게 印象시켜 준 것이다. 어쩌면 氏의 文學的인 本質을 가장 正確하게 說明해 주고 있을지도 모르는 이 問題에 對한 나의 見解를 記錄해 보고저 한다.

그러면 '運命의 發見과 打開'에서 내가 言及할 餘裕를 갖지 못했던 金東里 氏의 文學的 本質의 一面이란 무엇인가. 나는 그것을 說明하기 爲하여 그것을 가장 端的으로 表現해 주고 있는 ≪黃土記≫의 序章 一節을 여기에 引用하고저 한다.

"쌍룡설 역시 등천하려던 황룡 한 쌍이 바로 그 전야에 있어 잠자리를 삼가지 않은지라. 천왕이 노하여 벌을 나리사 그들의 여의주(如意珠)를 하늘에 묻으시매 여의주를 잃은 한 쌍의 룡이 슬픔에 못 이겨 서로 저이들의 머리를 물어뜯어 피를 흘리니 이 피에서 황토골이 생기니라."

이 지나치게 象徵的이며 意味深長한 몇 文字가 內包하

고 있는 意味를 完全히 그리고 徹底히 理解하고 있는 讀者에겐 아마 ≪黃土記≫는 無用한 讀物에 지나지 않을는지도 모를 것이다. 作者는 이 몇 마디 되지 않는 文字의 內容을 說明하기 爲하여 ≪黃土記≫라는 징글스러운 作品을 世上에 내놓은 것이다. 그들의 如意珠를 天王에게 빼앗긴 한 쌍의 龍에게 이미 그들의 生은 終熄되었던 것이다. 그들의 如何한 努力도 그들의 如意珠를 다시 찾어올 수 없다는 것을 한 쌍의 龍은 잘 알고 있었을 것이다.

그들에겐 아모것도 아닌 虛無한 時間과 空間만이 남았을 뿐이다. 그럼에도 不拘하고 '슬픔에 못 이겨 서로 저이들의 머리를 물어뜯어 피를 흘리는' 한 쌍의 龍의 모든 行爲는 그러한 그들의 虛無에의 投身이 아닐 수 없는 것이다. '억쇠'와 '득보'와의 피비린내 나는 싸움이 一種의 虛無에의 挑戰이라는 것은 人生의 悲痛한 生의 한 行爲가 아닐 수 없다.

'설이'도 죽고 '설이'를 죽인 '粉伊'도 떠나가 버린 世上에 '억쇠'나 '득보'는 '如意珠'를 잃은 한 쌍의 龍과 조곰도 다를 것이 없다. 그들이 아모리 싸워도 天王의 怒여움을 받은 한 쌍의 龍에게 '如意珠'가 돌아오지 않는 것처럼 그들에겐 이미 죽은 '설이'가 사라날 리도 없고 '설이'를 죽이고 떠나가 버린 '粉伊'가 다시 돌아올 리도 없는 것이다. 그러나 슬픔에 못 이겨 서로 저이들의 머리를 물어뜯어 피를 흘리는 한 쌍의 龍처럼 '억쇠'와 '득보'는 서슬이 시퍼런 칼을 들고 싸우는 것이다. 모든 것을 解決할 수 있는 '힘을 가진 장수 억쇠'가 '한번 쓸 날이 있을 것이다. 때가 오기만 기둘러라'는 그이 그 아버지의 '하늘의 啓示'와 같은 유언을 믿고 때가 오기만 기다리든 그의 귀중한 힘을 져도 이겨도 이미 아모 소용없는 結果를 爲해서 使用하는 것이다. 人間의 唯一한 能力이 가장 虛無한 結果를 爲해서 行使되는 것이다. '억쇠'에게 있어 그의 '힘'은 그의 生을 意味하고 있었던 것이다. 그의 生을 意味하는 이러한 '힘'이 가장 無意味한 結果를 위해서 消費된다는 것은 그의 生! 그 自體가 完全히 無意味하다는 산다는 그 自體가 그대로 虛無라는 以外의 아모 것도 아닌 것이다.

 作者는 '억쇠'와 '득보'를 이러한 싸움에 登用함으로서 自身의 虛無에의 意志를 表白하려 한 것이다.

 이러한 金東里 氏의 虛無에의 意志는 《黃土記》에서 가장 露骨的으로 表現되어 있을 뿐 아니라 殘餘의 모든 作品 속에 一貫되고 있는 氏의 作品 世界의 本質的인 一面이다. 二年 동안이나 消息 없던 사위가 滿洲에 있다는 것을 알고 그곳으로 自己의 딸 '순녀'를 보내는 그 어머니나 그러한 自己의 男便을 찾아가는 '순녀'에게 그것은 希望에의 送

別도 새로운 出發도 아모것도 아니었다.

'순녀'를 기다리는 것은 역시 虛無한 그의 男便일 뿐이다. "이제 기차를 타고 끝없이 떠나가는 것은 그 늙은 어머니요 이 누런 보리밭 둑 지름길에 흰머리를 이고 혼자 서 있는 것은 그의 젊은 딸이다"라고 作者는 母女의 슬픈 離別을 悲痛하게 說明했으나 그것은 亦是 虛無를 受諾하는 作者의 悲痛한 心境에 지나지 않는다.

'철이'와 '정아'가 戀愛해 가는 것이 (<庭園>) 自己에게 무엇을 結果시켜 준다는 것을 번연히 알면서도 그러한 進行을 防止하지 않은 宰浩(<庭園>)의 生活 態度 역시 虛無에 몸을 마껴 가는 作者의 生活 態度가 아닐 수 없는 것이다.

그 後의 宰浩가 "어린애 낳지 못하는 나이 많은 妓生(玩味說)과 結婚하는 것은 '억쇠'와 '득보'의 싸움과 마찬가지의 虛無에의 挑戰이 아닐 수 없는 것이며 <驛馬>에서 엿판을 메고 '계연'이가 떠난 곳과는 正反對의 方向으로 떠나는 '성기'의 行爲가 새로운 出發이 되지 못하고 '驛馬殺'이란 運命的인 實踐으로만 取扱된 것도 성기가 '계연'이를 잃은 虛無에 몸을 그대로 던져 버리는 作者의 虛無에의 投身이 아닐 수 없는 것이다. 死亡과 誕生을 同一한 時間에 갖다 붙친 <生日>에 있어서의 生死에 對한 氏의 觀念이나 사랑하는 이의 뒤를 이어 물속에 몸을 던지는 '달'이나 독바위에 돌을 가는 문둥이의 執着이 모다 氏의 虛無에의 意志에 通하고 있다는 것은 ≪黃土記≫의 强烈한 印象에서 우리가 처음으로 指摘할 수 있는 氏의 一面만은 아닐 것이다.

氏가 氏의 모든 作品을 通하여 우리에게 보여 준 것은 虛無의 受諾이나 服從이 아니면 虛無에의 投身이었고 虛無에의 挑戰이나 反抗이 아니면 그것의 超克이였던 것이다. ≪黃土記≫가 氏의 가장 露骨的이며 積極的인 虛無에의 反抗이었다면 <玩味說>은 消極的인 挑戰이었고 <驛馬>나 <찔레꽃>이나 <庭園>이나 <巫女圖>가 虛無에의 服從이나 受諾이였다면 <달>이나 <穴居部族>이나 <바위>는 氏의 虛無에의 超克의 試驗이었을 것이다.

'설이'도 '粉伊'도 다― 없어진 世上의 '억쇠'와 '득보'의 無意味한 싸움은 人間이 가질 수 있는 虛無에 對한 最後의 挑戰이나 反抗이 아닐 수 없으며 <驛馬>나 <찔레꽃>이나 <庭園>의 結論은 確實히 虛無를 受諾하고 虛無에 服從하는 虛無를 發見한 人間의 最初의 態度가 아닐 수 없으며 죽음으로써 或은 바위에 돌을 갈음으로써 自己의 運命을 開拓해 보려는 <달>이나 <바위>나 或은 穴居 속에서 祖國의 立法機關 成立에 感激하여 民族의 獨立에서 새로운 生活을 期待하고 發見하려는 <穴居部族> 같은 것은 이러한 意味에 있어 氏의 虛無를 超克해 보려는 試驗이라고 볼 수 있을 것이다.

이러한 氏의 모든 虛無에의 意志는 氏가 무엇보다도 먼저 虛無를 온 人類가 負荷한 共通된 運命이라고 認識한 데서부터 發生되었던 것이다. '억쇠'의 生을 意味하는 힘이 無意味한 싸움에 消費되듯이 온 人類의 生이 虛無하다는 것 그러나 人間은 이 虛無를 拒逆할 수도 逃避할 수도 없다는 것 그러므로 人類가 산다는 것은 虛無를 산다는, 即 虛無를 生活하지 않을 수 없다는 것이다.

이런 意味에서 <庭園>이나 <玩味說>의 主人公 '宰浩'는 虛無를 生活한 典型的인 人物의 하나일 것이다. 그러나 虛無를 生活한다는 것은 單純히 虛無를 受諾하거나 虛無에 順從해 가는 것만을 意味하는 것은 아니다. 拒逆할 수도 逃避할 수도 없는 人類의 運命인 虛無를 人類는 亦是 打開해 가지 않으면 아니 되는 것이다. 虛無가 人類의 運命이라면 이것을 打開하는 것은 人類의 課題가 아닐 수 없는 것이다. 氏는 이 人類의 課題를 解決하기 爲하여 虛無를 受諾하고 服從하기도 했고 이에 抗拒하여 挑戰하기도 했고 反抗하기도 했고 또한 이를 超克하는 方法도 試驗해 본 것이었다. 氏의 文學이 宗敎的인 領域에까지 侵犯되고 있는 것은 氏가 自身의 文學을 이러한 虛無를 解決하는 人間의 努力의 表現으로 自處했을 뿐 아니라 지금까지 宗敎가 虛無를 解決하는 데 가장 有力한 能力을 擔當해 온 事實을 氏가 아렀기 때문이었던 것이다. 어쨋던 虛無는 氏의 最初의 人生 問題가 되었을 뿐 아니라 氏가 出發시킨 人生觀이나 世界觀의 基礎가 이러한 어쩔 수 없는 人類의 運命의 하나인 虛無와의 對決에서 始作되었던 것이다. '驛馬殺'도 氏의 이러한 虛無가 發見한 人類의 한 개의 運命이었던 것이다.

여기에서 重要한 것은 氏가 가진 虛無에의 意志가 一般이 漠然히 잘못 認識하고 있는 것처럼 그것이 抛棄의 精神에서 由來된 것이 아니라 오히려 强烈한 追求의 精神에서 由來되었다는 것이다. 이것은 氏가 가진 虛無에의 意志가 우리가 常識的으로 使用하고 있는 '니힐리즘'과는 根本的으로 다르다는 데 있다. 우리가 使用하고 있는 所謂 '니힐리즘'이라는 것은 西歐에서 輸入된 '니힐리즘'이 아니면 老子가 가진 東洋的인 虛無 思想만을 聯想하게 되는데 그러한 意味에 있어 '니힐리즘'이라는 것은 絶對的인 眞理의 否定이 그 特徵이 되어 있다.

客觀的인 究極的인 眞理는 存在하지 않는다는 것, 萬一 存在한다고 해도 그것은 人間이 認識할 수 있는 能力 밖에 있다는 것이다. 다시 말하면 究竟的인 眞理의 存在에 對한 否定과 萬一 그것이 存在한다고 해도 그것을 認識하는 能力에 對한 不信이 그 特徵이 되어 있다. 그러므로 이러한 '니힐리즘'이 가저지는 態度와 形式은 언제나 眞理에 對한 抛棄의 形式과 態度로서 表現되는 것이다. 이러한 '니힐리스트'에게 絶望이 없는 것은 그가 이미 追求하는 것을 버린 때문이다. 眞理가 없는데 追求할 必要와 對象이 있을 수 없기 때문이다. 追求하지 않는 곳에 絶望은 오지 않는다. 그러나 金東里 氏의 虛無의 中心 속엔 그림자처럼 絶望이 따라다닌다. 그의 모든 作品에서 絶望은 가장 쉽게 發見될 것이다. 絶望的이 아닌 如何한 人物도 氏의 作品 속엔 나타나 있지 않으며 絶望한 精神이 表現되어 있지 않은 如何한 作品도 없다. 이것은 氏가 抛棄하지 않고 追求해 가고 있는 때문이며 氏의 虛無에의 意志가 究竟的인 眞理의 否定과 그것을 認識하는 能力을 不信하는 그러한 一般的으로 使用되고 있는 世稱의 '니힐리즘'이 아니기 때문이다. 氏의 虛無가 世稱의 '니힐리즘과 다른 것은 氏에겐 한 쌍의 龍에게처럼 '如意珠'가 있었다는 것이다. '如意珠'가 없다는 것과 있었다는 것과는 그것이 根本的으로 다른 것이다. 氏의 虛無는 가질 수 있던 '如意珠'를 잃었다는 데 있는 것이다. '억쇠'와 '득보'로부터 '粉伊'와 '철이'가 사라지듯 '성기'로부터 '게연'이가 떠나 버리듯 '宰浩'로부터 '철이'가 가 버리듯 가질 수 있는 如意珠가 가저지지 못한다는 것이다. 그리고 이것은 누구의 故意도 아닌 모든 人類의 運命이라는 것이다. 그러나 氏는 그렇다고 '如意珠'를 斷念하거나 拋棄하는 것은 決코 아니다. 오히려 氏는 强烈히 이를 追求하려 하는 것이다. '如意珠'를 天上에게 빼았긴 한 쌍의 龍이 슬음에 못 이겨 서로 피를 흘리듯 '억쇠'와 '득보'는 징글스럽게 싸우고 '성기'는 '게연'과는 正反對의 길을 떠나고 '宰浩'는 나이 많은 妓生과 結婚하고 '달'은 물에 빠지고 '순녀'는 男便을 찾어 滿洲로 가고 문둥이는 '바위'에 돌을 갈고 이러한 모든 生의 形式이 '如意珠'를 拋棄한 것이 아니라 오히려 그것이 얼마나 '如意珠'를 追求해 가는 것인가 하는 데 對한 秘密은 說明할 必要가 없을 줄 안다. '게연'이가 떠나간 方向과는 正反對의 길을 떠내 보내는 '성기'의 出發이 '게연'이를 찾어가는 길이라는 것은 '성기'도 모르는 作者 혼자만 알고 있는 秘密인 것이다. 나는 氏의 虛無에의 意志가 俗稱의 '니힐리즘'과는 本質的으로 다를 뿐 아니라 氏의 그러한 虛無에의 意志가 抛棄에서가 아니라 追求의 精神으로서 營爲되고 있다는 것을 明白히 指摘해 두는 데 끄치기로 한다. 氏의 虛無와의 對決이 새로운 길을 우리들에게 보여 줄 것인가 虛無와 對決하는 姿勢만 確立하고 말 것인가 이것은 氏의 今後의 作品만이 對答해 줄 것이다.

≪국제신문≫, 1949. 1. 30
(≪문학과 사상≫, 1949)

本格小說論
－小說의 正道와 그 究竟

一

　現代에 있어 小說은 文學의 代名詞가 되었다. 現代의 文學은 分明히 小說을 中心으로 展開되고 發展되어 가는 感이 없지 않다. 小說은 文學의 大部分의 領域을 占據해 있을 뿐 아니라, 그 盛衰를 決定하는 重要한 位置를 確保하고 있다. 小說을 떠나서 現代文學을 이야기할 수 없게끔 되었다는 것은 現代人의 生活을 表現하는 데 小說이 가장 適切한 文學 形式이었던 때문인지도 모를 것이다. 어쨌던 現代에 와서 文學을 모르는 사람은 많아도 小說을 모르는 사람은 거의 없을 程度에 이르렀다. 文學을 理解 못하는 大多數의 現代人들도 小說이 어떤 것이라는 것쯤은 漠然하나마 다 理解하고 있을 것이다. 하물며 直接으로 小說을 製作하고 製作된 小說을 評價하는 作家나 評論家들에게 있어 小說이 어떤 것인가라는 反問은 그들을 冒瀆하는 以外의 아무런 意義도 갖지 못할 것이다. 그들은 世上의 아무것도 아는 것이 없어도 小說이 어떤 것인가에 對해서만은 第一 잘 안다고 自信할 수 있는 種族들이 아닐 수 없다. 그것은 小說은 그들의 專門的인 職業 以上으로 한 개의 天職이요, 그들의 人生을 試驗하는 唯一한 對象이기 때문이다. 그러나 그렇다고 作家나 評論家가 小說에 對한 가장 正確한 認識을 가졌다고 나는 믿지 않는 者이다. 直接 小說을 製作하고 製作된 作品을 이러니저러니 評價한다고 해서 作家나 評論家가 小說에 對한 正確한 認識을 가졌다고는 말할 수 없기 때문이다. 그것은 小說에 對한 製作과 評價가 반드시 小說에 對한 正當한 認識에서만 發源되는 것이 아니라, 形式의 模倣으로써 小說은 製作되기도 하며 敎養이나 知識으로서 小說은 얼마든지 評價되기도 하는 것이기 때문이다. 오히려 現代에 汎濫하고 있는 大部分의 小說은 더욱히 이 땅에 있어서의 小說의 大部分은 小說이라는 名目만으로서 橫行되고 있을 뿐이다. 한 개의 文學作品으로써 評價받을 對象이 되기 前에 이미 小說로서 落第된 小說이 解放 以後에 生產된 우리의 小說 文學의 大部分이었을 것이다. 이것은 小說의 傳統이 微弱한 우리나라와 같은 境遇에 있어서는 一部 少數의 天才的인 作家에게만 認識되어질 수 있는 文學의 未熟性일지는 모르나 文學이라는 漠然한 槪念이나 觀念만을 가지고 長久한 小說의 傳統을 이어 나려온 先進한 社會의 小說 形式만을 우리의 先輩들이 본받아 왔기 때문일 것이다. 四五十年 前에 처음으로 비로소 出發된 우리의 新文學 運動에 있어서 小說은 小說에 對한 反省이나 깊은 認識 아래에서 始作된 것이 아니라, 新興하는 近代精神을 어떻게 해서든지 表現해 보고 싶은 操急한 時代的인 慾望이

安易하게 小說이라는 形式을 借用했을 뿐이었던 것이다.

　新興하는 近代精神을 어떻게 해서든지 表現하지 않을 수 없었던 그때의 燥急한 時代的인 慾望은 小說이 되었건 아니 되었건 그러한 것은 처음부터 重要한 關心이 아니었을 뿐 아니라, 그러한 自己의 慾望을 表現하는 데 있어서 小說이고 詩고 表現하는 形式의 區別 같은 것도 問題가 아니었던 것이다. 小說이 되었건 못 되었건 詩가 되었건 못 되었건 小說이든 詩든 무엇이든 强烈히 新興해 오는 그들의 近代精神을 如何한 方法으로써든지 表現만 하면 그만이었던 것이다. 詩로서 이것을 表現하다가 뜻대로 되지 않으면 小說의 形式을 빌렸고 小說의 形式으로서 뜻대로 되지 않으면 詩의 形式을 빌렸던 것이다. 그들에겐 詩나 小說은 그들이 언제든지 必要하면 應用할 수 있는 簡單하고 便利한 한 개의 文學的인 形式에 지나지 않았던 것이다. 그들은 詩나 小說이 文學의 어떠한 生理的 表現이며, 그것이 어떠한 文學 精神의 傳統 속에서 만들어진 形式이라는 것은 조금도 알지 못했으며, 또한 알려고도 하지 않았던 것이다. 그러한 反省과 餘裕를 갖기엔 그들은 너무나 反省할 수 있는 傳統을 갖지 못했으며 餘裕 있는 時間이 없었던 것이다. 그들에겐 다만 詩나 小說과 같은 文學의 具體的인 實體가 重要했던 것이 아니라, 그들이 처음으로 發見한 近代의 思潮

만이 重要했던 것이다. 이것은 新文學 運動 草創期의 詩나 小說이 한 개의 文學作品으로서보담도 새로운 精神의 表現이라는 點으로서 우리의 留意를 끌고 있는 事實만 보아도 알 수 있는 것이다. 近代的인 文學 樣式으로서 처음으로 登場된 <海에서 少年에게>라는 詩라든지 <鬼의 聲> <無情> 같은 小說이 가지고 있는 文學史的인 意義는 그것이 近代的인 詩나 小說이라는 作品의 意義에 있는 것이 아니라, 그러한 것이 近代的인 樣式을 通한 우리의 最初의 近代精神의 文學的인 表現이라는 데, 그 意義가 있었던 것이다. 이것은 新文學 運動의 始初부터 우리는 小說에 對한 깊은 認識이 없이 小說이라는 한 개의 文學 形式을 維持해 왔다는 證明인 것이다. 이 땅에 新文學이 始作된 以後의 四, 五十年 동안 오늘에 이르기까지 우리의 小說 文學은 小說이라는 漠然한 觀念 속에서 小說이라는 한 形式을 아무런 反省이나 正確한 認識도 없이 그저 漠然히 每日같이 되풀이해 왔을 뿐이다. 小說이라는 具體的인 形象보다도 文學이라는 漠然한 抽象的인 槪念이나 觀念만으로서 小說을 實踐해 온 것이다. 文學의 創造와 實在가 文學이라는 어떤 漠然한 抽象的인 槪念이나 觀念의 進步 속에 있는 것이 아니라, 作品이라는 具體的인 形象 속에 있다는 것을 忘却해 온 것이다. 그러므로 作品에 對한 硏究나 努力보다도

抽象的인 文學 意識을 더 많이 所有하고 있으며 作品 속에 文學觀이 表現되는 줄을 모르고 作品보다 文學觀을 먼저 내세울려고 했던 것이다.

小說이라는 名目만 붙은 無數한 小說 비슷한 小說이 오늘의 우리 文壇에 汎濫해 있는 理由도 이러한 곳에 있는 것이다. 그러나 原因은 單純히 여기에만 그치는 것이 아니다. 아직 小說이라는 것이 무엇인지 確實히 모르고 처음으로 겨우 小說이라는 것을 漠然히 試驗해 가고 있는 一段 開放된 傳統 없는 우리의 風土에도 또다시 새로운 思潮와 새로운 流派와 새로운 小說 樣式은 每日같이 侵犯되어 왔던 것이다. 아직 經驗하지 못한 새것에 對한 先人들의 態度는 그것이 처음 보는 것이라는 한 가지 理由로서 그것은 우리가 消化하지 않으면 아니 될 것으로 錯覺했던 것이다. 小說이 어떤 것이라는 깊은 認識도 없이 새로 보는 모든 小說을 小說로서 받아드렸던 것이다. 함부로 받어드린 複雜 多樣한 現代의 數多한 文學上의 流派와 方法의 差異는 亂立되는 文學觀의 混亂과 함께 우리의 小說 그 自體에까지도 深刻하고 致命的인 影響을 招來시켜 놓았던 것이다. 무슨 實驗主義小說이니, 傾向小說이니, 自然主義小說이니, 新心理主義小說이니, 私小說이니, 超現實主義小說이니, 浪漫主義小說이니, 寫實主義小說이니, 實存主義小說이니, 하는 바람에 그에 따르는 無數한 서로 다른 創作 方法論이 登場하여 一定한 創作 方法에 依據한 小說은 있어도 小說의 本道와 正道는 어느 사이에 完全히 사라져 버리고 特殊한 創作 方法論에서 오는 小說의 槪念을 小說에 對한 眞正한 理解로 삼게 된 것이다. 小說이 어떤 것인가 하는 것은 이미 問題가 되지 않고 어떠한 創作 方法만이 重要하게 되어졌던 것이다. 이것은 結局은 一定한 創作 方法論을 通하지 않고서는 小說의 槪念을 設定할 수 없으리만치 小說을 混亂케 해 놓고 말아 버린 것이다. 어떤 政治的인 目的 達成을 爲한 宣傳文이 小說의 이름 아래 登場하는가 하며는 日記와 記錄과 獨白이 小說의 待遇를 받기도 하며 '쩌임스·쪼이스'의 ≪유리시-스≫ 같은 奇異한 小說이 나타나는가 하며는 '니-체'의 ≪추아라토-스토라≫도 小說이며 '봐레리-'의 ≪테스트 氏≫도 小說이라고 主張하는 評論家도 뛰어나오게 되었던 것이다. 나는 이러한 모든 文學的인 産物이 小說이 아니라든지 小說이 될 수 없다고 생각하는 사람은 決코 아니다. 오히려 나는 그러한 것도 充分히 小說이 될 수 있으며 또 小說이 되어야 한다고 생각하는 者이지만. 다만 나는 그러한 前例에 없는 小說의 形式을 借用한 文學的 産物의 登場으로 因하여 누구나 다 이미 完全히 解決한 것처럼 가장 安心하고 依據해 있는 小說이라는 槪念에 對

한 認識이 事實은 조금도 確立되어 있지 않다는 것을 自覺하고 小說에 對한 새로운 懷疑가 發生되었으나, 그것이 小說의 本然의 姿勢와 小說의 正道를 反省하고 認識하는 方向으로 止揚되지 않고 제각기 가진 或은 배운 어떤 特殊한 創作 方法論에 依據한 小說에 對한 觀念을 固執하는 不幸한 方向으로 進行되었다는 事實을 잊어버릴 수 없다는 것뿐이다. 그것은 못처럼 갖게 된 이러한 懷疑가 正當한 反省으로 止揚되지 못하고 不幸한 固執으로 進行된 이 事實 속엔 實로 놀라운 致命的인 過失이 숨어 있을 뿐 아니라, 그것이 小說의 名目만을 가진 小說 비슷한 小說이 우리 文壇을 橫行하는 根本的인 原因의 하나가 되기도 했던 때문이다. 그것은 實驗主義小說이니, 新心理主義小說이니, 私小說이니, 超現實主義小說이니, 浪漫主義小說이니, 傾向小說이니, 自然主義小說이니 寫實主義小說이니, 實存主義小說이니 하는 이러한 一群의 小說 形式을 新興하는 近代精神의 正常한 文學 形式으로서 받들어 드렸다는 데 있는 것이다. 처음으로 世界 思潮를 求景한 이 땅의 文學人들에게 있어 그러한 모든 多彩로운 光景이 그러한 것을 産出시킨 歐洲에 있어서는 그것이 이미 新興하는 近代精神의 正常한 表現이 아니라, 近代의 終焉에서 새로운 現代를 準備하지 않을 수 없는 鎭痛期의 歐洲의 崩壞해 가는 近代精神

의 最後的인 破片의 絶望한 한 樣式이라는 것을 알지 못했던 것이다. 이미 崩壞하기 始作해 가고 있었던 歐洲의 近代 精神이 自己의 絶望을 表現해 가고 있는 그러한 各種 各樣의 小說 形式이 小說의 正常한 形式이 아니라, 小說의 正常한 形式을 잊어버린 懷疑와 彷徨의 破片이요 樣式이라는 것을 알지 못했던 것이다. 지금까지 自己를 維持시켜 온 精神이 송두리채 動搖되고 崩壞되는 歐洲의 文學 精神에게 健全하고 正常的인 小說 樣式이 있을 수 없었던 것이다. 이 땅의 文學人들이 배웠다는 小說의 正道는 이러한 歐洲의 崩壞되어 가는 各種의 小說 形式에 지나지 못했던 것이다. 이 땅의 文學人들은 崩壞되어 가는 小說의 破片들을 唯一한 小說의 樣式이라고 錯覺했던 것이다. 小說은 여러 가지 方法論에 依據하여 얼마든지 安易하게 製作되었던 것이다. 다만 世界觀이나 文學觀이 同一하지 않다는 것을 알리기 爲하여 若干의 서로 다른 創作 方法論을 應用하고 適用하면 그만이었던 것이다. 그러나 事實은 서로 다를 만한 무슨 깊은 世界觀의 對立이 있는 것도 아니었다. 對立이 있었다면 槪念上의 論戰에 不過했던 것이다. 한 篇의 完全한 小說을 만들어 낼 수 없는 世界觀이나 文學觀이 都大體 누구와 對立될 수 있었을 것인가? 모든 것은 槪念的으로만 混亂했을 뿐이며 具體的인 文學의 實體인 作品의 不成功

은 槪念의 混亂을 더욱 助長했던 것이다. 그러므로 小說은 無數히 製作되고 全 文壇을 덮어 왔으나 小說은 참말 稀有하리만큼 어쩌다가 하나씩 奇蹟的으로 나타났을 뿐이다. 四, 五十年의 新文學史를 가진 우리의 小說 文學을 모조리 陳列시켜 놓고 우리는 果然 몇 篇의 小說을 부끄럽지 않은 小說의 이름 아래 골라낼 수 있을 것인가. 大部分의 作品은 그저 小說이라는 形式의 衣裝을 입었을 뿐이었다. 形式이라는 것이 古物商이나 아무 데서나 우리가 借用해 입을 수 있는 衣裝이 아니라 精神의 必然的인 表現이라는 것을 정말로 認識한 作家는 몇 사람이 되지 않았던 것이다. 大部分의 作家들은 小說은 이런 것이구나 하는 至極히 皮相的인 觀察 아래 小說이라는 漠然한 形式을 借用할 수 있는 創作 方法論에 依據하여 實踐해 왔을 뿐이다. 그리고 더욱 重要한 것은 小說은 이런 것이구나 하는 그들의 漠然한 認識의 對象이 된 小說은 小說의 本然의 姿勢나 小說의 正道가 아니라, 小說의 本然의 姿勢와 正道가 崩壞되어 가는 小說의 한 破片이었다는 데 있는 것이다. 그러면 이러한 小說의 混亂과 認識의 不明確性을 匡正하고 小說의 本然의 姿勢와 그 正道를 어디에서 求해야 할 것인가? 나는 이것을 本格小說이란 이름 아래 究明해 보고자 한다.

二

나는 本格小說이라는 用語가 어떠한 時機에 어떠한 內容으로써 使用되어 왔는지 알지 못하고 있다. 傾向小說이나 私小說과 對立되는 意味에서 使用되어 왔다고 記憶하고 있으나 나는 本格小說이라는 것을 小說에 對한 어떤 相對的인 槪念이나 解釋이라고만은 생각하지 않는다. 그렇다고 本格小說이라는 것을 小說에 對한 어떤 特殊한 槪念이라는 것은 小說에 對한 特殊한 槪念이오, 더욱 아니다.8) 本格小說이라는 것은 相對的인 槪念이 아니라, 小說의 本質에 背馳되지 않는 小說, 卽 小說의 本然의 姿勢와 그 正道를 벗어나지 않는 小說을 意味하는 것이라고 나는 나대로 생각하고 있다. 小說의 本質이 어떤 것인가를 알고 그것을 通하여 自己의 人生 問題를 本格的으로 取扱한 小說을 나는 本格小說이라고 생각하고 있다. 이러한 意味에 있어서의 本格小說이라는 槪念, 至極히 漠然하고 抽象的인 本格

---

8) ≪문학과 사상≫(1949)에는 다음과 같이 수정되었다. "그렇다고 본격소설이라는 것을 소설에 대한 어떤 특수한 개념이라는 것은 더욱 아니다."

小說의 概念은 지금까지 우리가 試驗하고 實踐해 온 各種各樣의 小說을 反省함으로써 具體的인 樣相을 띠우게 되는 것이다. 그것은 지금까지 우리가 試驗하고 實踐해 온 大部分의 小說이 小說의 本質에 對한 깊은 認識 아래 그것을 通하여 自己의 人生 問題를 本格的으로 取扱해 온 것이 아니라, 그저 小說이라는 漠然한 形式을 踏襲해 온 것이 아니면 어떤 一定한 創作 方法論이나 文學上의 流派에서 規定된 小說이었기 때문이다. 우리는 本格小說이라는 것을 단번에 理解할 수 있기에는 너무나 小說에 對한 認識이 不足하거나 그렇지 않으면 小說이 가진 어떤 枝葉的인 形式을 小說의 全 樣相인 것처럼 믿어 왔던 것이다. 前者의 例를 數多한 拙劣한 小說에서 바라볼 수 있다면 後者를 어떤 一定한 創作 方法論에 依據한 小說이나 새로운 小說이라는 尖端的인 小說 樣式 속에서 發見할 수 있을 것이다. 그러므로 나는 먼저 本格小說이라는 漠然한 概念을 具體的으로 想定해 보기 爲하여 '푸로벨'이니 '못파상'이니 '발작크'니 '뜨스뜨엪스키'니 '쎅스피어'니 '톨스토이'니 '스탄다-르'이니 하는 人生觀이나 文學觀이 서로 다른 이러한 小說의 巨匠들이 남겨 논 그들의 作品에 새로운 留意를 가져 보기를 바라는 바이다. 그것은 그들의 小說을 읽은 우리들의 最初의 感懷가 그러한 小說이 優秀하다든지 拙劣하다든지 어떠한 文學觀을 가졌다든지 그러한 어느 小說이 새로운 小說의 한 樣式이 된다든지 못 된다든지 하는 그러한 種類의 것이 아니라, 그러한 小說 속에서 한 개의 人生을 보았다는 우리의 率直한 人生 意識일 것이다. 讀者는 小說을 읽는다는 意識이 없이 어떤 人生을 經驗하는 形式으로 그러한 小說을 읽을 수 있었던 것이다. 讀者가 읽은 것은 分明히 小說이 아니라 人生 그 自體였던 것이다. 人生을 經驗하는 데 優秀하니 拙劣하니 무슨 文學觀이 있느니 하는 類의 것이 發生될 餘地가 있을 수 없는 것이다. 萬一 그러한 것을 發見하고 感覺했다면 그것은 그러한 小說 속에 나타나 있는 어떤 人生의 運命이나 生活에 對해서 感動했다는 것일 것이며, 거기에서 무슨 文學觀을 發見했다면 그러한 人生이 가진 어떤 人生觀을 發見했다는 말이 아닐 수 없으며, 高級한 讀者가 있어 새로운 小說의 한 樣式을 發見했다고 한대도 그것은 그 作品 속에 새로운 生活의 樣式이 있었다는 意味에 지나지 않는 것이다. 그것은 小說이란 勿論 假空의 事實로서 꾸며 낸 이야기에 지나지 않으나, 제 마음대로 함부로 꾸며 낸 假空의 事實은 아니기 때문이다. 아무리 假空의 事實이라고 해도 그것이 小說로서 形象될려며는 假空의 事實은 假空의 事實대로의 現實性을 가져야 하는 것이다. 小說이란 假空의 事實을 가지고 새로운 可能한

現實을 完成시킨 것에 不過하므로 小說은 그것이 아무리 小說이라 해도 한 개의 완전한 現實이 아니 되면 아니 되는 것이다. 거짓말인 小說에서 거짓말을 할 수 없는 小說의 微妙한 生理가 여기에 있는 것이다. 上記한 小說의 巨匠들의 小說이 小說을 읽었다는 意識보다도 人生을 經驗했다는 意識을 讀者에게 주는 것은 그들의 小說이 어떤 人生이나 現實을 가장 完全히 完成시켜 놓았기 때문인 것이다. 拙劣이니 하는 不自然한 感想이 發生될 餘地가 없이 산 人生이 그대로 讀者 앞에 나타나는 것이다. 이러한 것에 比해서 우리가 小說로서의 拙劣을 意識하지 않을 수 없는 小說이 어떠한 것인가를 反省해 보기로 하자. 우리가 拙劣한 小說이라고 할 때 그것은 單純히 잘못 만들어진 小說이라는 것만을 意味하는 것이 아닌 것이다. 한 개의 人生을 經驗해 가는 데 왜 拙劣한 小說이라는 意識이 介在되어 오는가? 小說이라는 意識을 讀者의 머리속에서 떼어 버리지 못하는 小說이란 이미 小說로서 落第된 小說이 아닐 수 없는 것이다. 그것은 그러한 小說이란 假空의 事實일 수는 있으나, 假空의 現實이나, 人生은 아닌 것이기 때문이다. 비록 假空의 事實이라 해도 그것이 한 개의 人生이나 現實로서 完成된 것이면 小說로서 認識되는 것이 아니라, 한 개의 人生이나 現實로서 認識되지 않을 수 없기 때문이다. 讀者의 머리

속에서 小說의 意識을 떼어 버리지 못해도 그것은 이미 小說로서 落第가 되지 않을 수 없는데, 拙劣한 小說이라는 意識을 가져다주는 小說을 우리는 무엇이라고 말해야 옳을 것인가? 이것은 이미 小說이 잘되었다 잘못되었다 하는 問題가 아니라, 小說을 아느냐? 모르느냐? 하는 小說 以前의 初步的인 常識의 問題가 되고 마는 것이다. 小說이 그대로 한 개의 산 人生이요, 산 現實이라는 것은 決코 概念的으로나 觀念的으로 理解될 性質의 것은 아니다. 이러한 말은 文學이 發生된 以後 不絶히 要求되고 主張되어 왔으나 산 人生과 산 現實일 수 있었던 小說은 數十人의 小說의 巨匠들을 除外하고는 世界文學 史上에도 그 例가 반드시 許多하지는 않았던 것이다. 小說이 산 人生과 산 現實이라고 해서 이것을 實感이라는 概念으로써 解釋한다면 그것은 기막힌 誤謬가 아닐 수 없다. 무슨 報告 講演이나 踏査記 같은 것도 얼마든지 實感을 傳할 수는 있는 것이기 때문이다. 그렇다고 이것을 現實이나 人生의 寫實的인 '리알리티-'로 解釋하는 것도 誤謬는 마찬가지다. 外面的인 事實性과 內面的인 眞實性의 統一이라고 해도 역시 充分한 說明은 되지 못할 것이다. 오히려 한 篇의 소설은 하나의 生物이라는 것이 좀 더 가차운 說明이 될는지 모른다. 小說이 산 人生이요, 산 現實이라는 것은 小說은 小說 속에 登場되는 모든

人物의 性格은 勿論 어떤 場面이나, 風景이나 事件이나 如何한 것의 描寫라 할지라도 그러한 것의 運命의 '리얼리티-'가 하나의 生物처럼 表現되어야 한다는 것이다. 여기에서 運命의 '리얼리티-'라고 말한 것은 小說에 나타나는 一字 一句의 內容이라 할지라도 그것이 小說의 全體的인 進行과 運命的인 必然性을 가져야 한다는 것이다. 한 개의 小說이 산 바 人生이 되고 산 現實이 되는 것은 이러한 小說이 가진 運命의 '리얼리티-'에 原因하는 것이다. 이렇게 小說이 그대로 산 人生이요 산 現實이 되는 것이 小說이 되는 最初의 條件이요, 길인 것이다. 小說의 本然의 姿勢가 이러한 小說임은 勿論일 뿐 아니라, 本格小說의 最初의 要求가 또한 여기에 있는 것이다.

그러면 本格小說은 하나의 小說로서의 完成에만 그치는 것인가? 小說이 가지는 思想이니, 世界觀이니, 人生觀이니, 하는 小說에 關聯되는 一切의 問題는 度外視되는가? 賢明한 讀者는 이러한 모든 問題가 小說의 完成이라는 課題로서 이미 解決되고 있다는 事實을 認識할 것이다. 그것은 小說이 小說로서 完成된다는 것은 그러한 모든 問題를 包含함으로써만 처음으로 成遂되어진다는 것을 알 수 있을 것이기 때문이다. 이것은 그러한 것이 包含되지 않은 如何한 산 現實이나, 산 人生이 없는 것과 마찬가지로 그러한 것이 包含되지 않은 如何한 小說의 完成도 있을 수 없는 것이기 때문이다. 다만 小說에 있어 思想이니, 人生觀이니, 世界觀이니 하는 것은 思想的인 體系나 形態로서 提示되는 것이 아니라, 小說 속에 나타나는 人物의 性格이나, 行爲나, 生活이나 風景이나, 場面이나, 事件이나 描寫로서 提示되고 있을 뿐이다. 政治 目的을 達成하기 위한 傾向小說 등에서 그 例를 많이 볼 수 있는 小說 속의 人物의 獨白이나 對話를 通하여 提示하는 一切의 人生觀이나, 世界觀이나, 思想的인 言辭 같은 것은 小說이 가지는 思想性도 世界觀도, 人生觀도 아닌 것이다. 小說에 있어서는 如何한 思想이나 如何한 人生觀이나 世界觀을 莫論하고 그것은 언제나 小說 속에 性格化되고, 行爲化되고, 風景化되고, 生活化되고, 場面化되고 事件化되고, 描寫化되어 나타나는 것이다. 小說에 있어서 思想이나, 世界觀이나, 人生觀이라는 것은 論理的인 體系를 가지고 或은 公式的인 生活倫理를 가지고 表示되어 있는 것이 아니라, 小說이 가지고 있는 性格이나, 行爲나, 風景이나, 場面이나, 生活이나 事件이나, 描寫 그 自體가 그 小說이 가진 思想이요, 人生觀이요 世界觀이 되는 것이다. 그러므로 小說에 있어서 思想이라는 것은 形式的으로나 表面的으로 提示되거나 說明되어 나타나는 것이 아니라, 內面的인 內容으로써 醱酵되어 나오는 것이다. '뜨스뜨옆스키'의 <惡靈>이나, <카라마슾의 兄弟>에 나오는 '이왕'이니, '스타보로깅'이니 하는 怪異한 人物들이 發言하는 믿을 수 없는 程度로 지나치게 深嚴한 思想的이며, 哲學的인 對話나 獨白이 그대로 '이왕'이나 '스타보로깅'의 思想으로서 讀者에게 '앺필'해 온 것은 '이왕'이나, '스타보로깅'이 單純히 그러한 思想的이며, 哲學的인 對話나 獨白을 發言하였기 때문이 아니라, 그러한 對話나 獨白이 그들의 人生觀을 要約한 對話나 獨白일 수 있는 生活과 行爲와 性格이 이미 너무나 充分히 表現되어 있었던 까닭이다. <惡靈>이나 <카라마슾의 兄弟>에 있어 '이왕'이나, '스타보로깅'이 가지는 그들의 怪異한 對話나 獨白을 省略하드라도 그들의 生活과 行爲와 性格은 讀者로 하여금 그들이 對話나 獨白을 充分히 想像할 수도 있고, 또한 創作할 수도 있었을 것이다. 이것은 어떤 完全히 構成된 小說 속엔 그 小說이 가지는 生活이나, 性格이나, 行爲나, 風景이나, 事件이나, 場面이나, 描寫를 通하여 눈에 보이지 않게 思想이니, 世界觀이니, 人生觀이니 하는 一切의 問題가 包含되어지고 있다는 것이다. 이것을 어떻게 發見하고 이것을 어떻게 解釋할 것인가는 오로지 讀者의 能力과 思想에 달려 있는 것이다. 그리고 더욱 重要한 것은 이러한 形式으로 小說 속에 醱酵되고 內在해 있는 思想이나, 人生觀이나, 世界觀을 떠나서 그 作者의 思想이나, 人生觀이나, 世界觀이나 或은 文學觀이 別途로 存在하고 있지 않다는 것이다. 萬一 作品과는 別途로 그러한 것이 存在하고 있다면 그것은 그 作者에게 있어 眞實한 人生觀도 世界觀도 아닐 뿐 아니라, 眞正한 思想도 아닌 것이다. 그리고 어떤 作者의 文學觀이라는 것도 그러한 作者의 人生觀이나, 世界觀의 文學的인 形式에 지나지 않는 것이다.

여기에 있어 우리들이 또 한 가지 잊지 못할 것은 無數히 主張되고 登場되고 있는 數多한 創作 方法論이라는 것에 對해서이다. 무슨 心理主義的 方法이니, 實驗主義的 方法이니, 寫實主義니, 自然主義的 方法이니, 進步的 '리알리즘'이니, 革命的 '로맨티즘'이니 하는 것으로서 簡單히 小說을 創作할 수 있다는 機械的인 信念에 對해서이다. 萬一 우리가 簡單히 適用하고 借用할 수 있는 그렇게 便利하고 萬能한 創作 方法이 있다면 小說을 創作하는 데 作家들의 苦憫은 생겨나지도 않을 것이며, 偉大한 傑作은 만드는 족족 生產되어질 것이다. 얼마든지 多量生產할 수 있는 巨大한 工場처럼 作家들은 펜과 原稿紙만 準備하면 一定한 創作 方法에 依據하여 얼마든지 小說을 生產해 낼 수 있을 것이다. 그러나 實情은 全혀 그와 反對다. 自己가 構成한 內容을 實地로 作品化하는 데 있어서 作者들이 언제나 부딪

히는 苦憫은 그것을 作品化하는 데 그렇게 簡單하고 便利한 如何한 方法도 있지 않았다는 것이다. 自己가 意圖하는 內容을 作品化하는 데 있어서 모든 作家들은 結局 自己의 獨特한 方法에 依據하지 않을 수 없었다는 것이 정말 小說을 創作해 본 作家들의 眞實한 實情이다. 그런데 왜 創作 方法論이라는 것이 主張되고 橫行하는가? 왜 小說의 正體를 認識할려고 하지 않고 創作 方法論에 依據하려고 하는가? 이것은 創作 方法이라는 것을 作家의 어쩔 수 없는 生理的 表現이며 生命의 한 形式이었다는 것을 忘却하고 創作 方法이라는 것을 누구나 適用하고 利用할 수 있는 무슨 數字的인 公式이나 幾何學的인 定理라고 잘못 認識했던 까닭이었다. '졸라'가 實驗主義라는 한 개의 創作 方法을 實踐하고 '푸로벨'이 寫實主義라는 創作 方法에 依據했다고 해서 그것이 곧 누구에게나 適用되는 萬人 共通의 創作 方法이라고 생각한다는 것은 한 개의 '넌쎈스'다. 이것은 모든 사람이 '졸라'나 '푸로벨'과 다른 個性을 가졌다는 單純한 意味에서가 아니다. '졸라'의 實驗主義라는 것은 '졸라'가 生이나 現實을 바라보는 根本的인 態度와 깊은 關聯을 가졌던 것이며 '푸로벨'의 寫實主義라는 것도 역시 '이 世上에 돌 하나라도 꼭 같은 돌이라는 것은 없다'라는 '푸로벨'의 非凡한 觀察의 能力을 떠나서 이루어진 것이 아니었던 것이다. 人生이나 現實을 實驗해 보지 않고서는 조금도 安心할 수 없는 '졸라'의 對現實 意識이 實驗主義라는 方法으로써 表現되었으며, 돌 하나라도 꼭 같이 바라보지 않는 '푸로벨'의 非凡한 觀察力이 寫實主義라는 形式으로서 行使된 데 지나지 않았던 것이다. '졸라'나 '푸로벨'에게 있어 實驗主義나, 寫實主義라는 것은 그들의 精神이나 生理나 人生觀과 別個의 것이 아니었던 것이다. 그들은 實驗主義나, 寫實主義라는 것을 믿은 것도 아니며, 그러한 것을 簡單하고 便利한 方法으로써 採用한 것도 아니었던 것이다. 그들이 가진 人生觀이나 文學的인 內容을 어떻게 해서든지 完全하게 表現해 보려고 한 그들의 各種의 眞實하고 誠實한 慾望이 그러한 形式과 方法으로 實踐되어진 데 지나지 않았던 것이다. 그들에게 있어 第三者가 說明하고 있는 實驗主義니, 寫實主義니 하는 것은 單純한 方法이나 形式이 아니라, 그들의 어쩔 수 없는 生理와 生命의 表現이었던 것이다. 이것을 모르고 實驗主義 方法이 第一이니, 寫實主義 方法이 第一이니 하는 것이 얼마나 커다란 文學上의 喜悲劇인가는 더 말할 必要도 없을 것이다. 이로서 進步的 '리알리즘'이니, 革命的 '로맨티즘'이니 하는 解放 以後의 一部의 우리 文壇에서 盛行된 創作 方法論이라는 것 역시 얼마나 小說과는 無關係한 한 개의 槪念上의 公式이나 觀念

的인 機械論에 지나지 못했는가를 알 수 있을 것이다. 그뿐 아니라, '쪼이스'의 <유리시-스>를 읽고 거기에서 新心理主義를 發見하고 기뻐하는 것이라든지 그렇게 發見한 '쪼이스'의 新心理主義라는 것을 새로운 小說 樣式이라고 主張해 본다든지 하는 것 역시 꼭 같은 喜悲劇이 아닐 수 없으며, '살트르'의 實存主義小說이 새로운 小說의 한 樣式이라고 믿어 본다든지 하는 等 類가 모두 事實은 우스운 文壇風景이 아닐 수 없는 것이다. 그것은 '졸라'나 '푸로벨'에게 있어 實驗主義니 寫實主義니 하는 것이 그들의 生理나 人生觀과 別個의 것이 아닌 것과 마찬가지로 '쪼이스' 역시 무슨 新心理主義라는 것을 創案하여 그것으로서 새로운 小說을 만들어 보자 한 것은 아니었던 것이다. 다만 人間의 潛在意識 속에서 人間의 實在를 發見한 '쪼이스'의 特異한 人生 經驗이 <유리시-스>와 같은 前例에 드문 小說을 産出시킨 데 지나지 않았던 것이다. '쪼이스'와 같은 特異한 한 人物에게 있어 <유리시-스>와 같은 小說은 한 개의 必然的인 産物일 수 있으나, 그렇다고 누구든지 人間의 實在를 潛在意識 속에서만 發見해야 되는 것은 아닌 것이다. 人間의 實在는 潛在意識 속에만 있는 것이 아니라, 그것을 發見할 수 있는 사람은 그 外의 어디에서든지 그것을 發見할 수 있는 것이다. 나는 <유리시-스>를 驚異에 가까운

훌륭한 文學作品의 하나라고 率直히 驚嘆하고 있는 者이지만, 거기에서 新心理主義라는 무슨 우리가 함부로 適用할 수 있는 새로운 創作 方法이 發明되었다든지 그것이 새로운 小說 樣式이 된다고 그렇게 簡單히 믿어 버릴 수는 없는 것이다. 그와 마찬가지로 最近 佛蘭西에서 發生되었다고 야단들인 實存主義小說이라는 것 역시 '살트르'의 實存精神의 한 表現이라고는 생각하나 그것이 누구든지 模倣할 수 있는 새로운 小說 樣式의 하나라고는 믿어지지 않는 것이다. 이러한 것은 역시 近代精神의 崩壞되어 가는 한 形式이었던 '따따이즘'이니 '슈리알리즘'이니 하는 것과 마찬가지의 小說 文學의 正常한 樣態는 아닌 것이다. 그러므로 本格小說은 이러한 어떤 남이 創案해 논 어떤 創作 方法에 依據하거나 特殊한 精神이나 目的이 가진 特殊한 小說 形式을 그대로 踏襲해 가는 데에서 創作되어지는 것이 아닌 것이다. 그것은 그러한 모든 行爲가 小說에 對한 本格的인 試合이 아니기 때문이다. 그러한 모든 行爲가 小說에 對한 本格的인 試合이 되지 못하는 것은 그러한 小說 方法이나 樣式에 安易해 가는 作者의 精神이 人生 問題를 本格的으로 追求하는 作者의 態度가 될 수 없는 것이기 때문이다.

三

그러면 小說에 있어 作者의 人生 問題를 本格的으로 追求하는 態度란 어떤 것인가? 그것은 첫째로는 모든 人生 問題가 自己 自身의 問題로서 取扱되어져야 한다는 것이다. 이것은 모든 人生 問題가 그대로 作者 自身의 問題가 되어야 한다든지 모든 人生 問題가 그대로 作者 自身의 問題가 된다는 것은 決코 아니다. 오히려 事實은 그 反對에 가까울 것이다. 그것은 作者의 主體와 聯關되지 않는 作者의 主體와 干涉이 없는 一切의 人生 問題라는 것은 事實은 조금도 作者 自身의 問題가 되어지지 않는 것이기 때문이다. 그러나 自己의 問題를 가장 眞實히 追求하고 念願하는 사람에게 있어 自己의 問題가 아닌 如何한 人生 問題라는 것도 存在하지 않는 것이다. '신멜'9)이 "人間的인 모든 問題는 또한 나의 問題이다"라고 말한 것도 처음부터 自己의 問題가 아닌 남의 問題를 自己와 아무런 交涉도 關聯도 없는 남의 人生 問題를 追求하고 解明해 온 努力의 結論이 아니라,

---

9) 신멜: 게오르크 지멜(Georg Simmel, 1858~1918). 독일의 사회학자, 철학자다. 형식사회학의 창시자로, 생철학에 인식론적 구성주의를 결합하여 상대주의철학을 수립했다.

가장 自己에게 忠實했던 自己의 問題를 解決하지 않고서는 如何한 人生 問題도 解決할 수 없었던 人間만이 到達한 眞實의 告白이었던 것이다. 이러한 意味에 있어 "모든 人生 問題가 自己 自身의 問題로서 取扱되어져야 한다"는 것은 自己 自身에게 가장 忠實해야 한다는 反證의 意味가 되는 것이다. 그러므로 小說에 있어 作者의 人生 問題를 本格的으로 追求하는 最初의 態度는 作者가 自己에게 가장 忠實하는 態度를 말하는 것이다. 自己를 欺瞞할 수 없는 自己의 生理를 그대로 告白해야 한다는 것이다. 이것은 小說이란 讀者를 爲해서보담도 作者의 人生 問題를 解決하기 爲한 作者의 全 生命의 全 人格의 表現이 아니 되면 아니 되는 것이기 때문이다. 모든 小說이 作者의 '나'를 中心으로 出發되어야 하는 理由도 여기에 있는 것이다. 그러나 모든 小說이 作者의 '나'를 中心으로 出發된다고 해서 作者의 心理 記錄이나, 心理的 遊戲나 心境의 告白이 그대로 作者의 人生 問題를 解決하고 表現하는 本格的인 態度는 아닌 것이다. 그것은 作者의 '나'라는 것은 小說에 있어 내私]의 形式으로서 登場되기보담도 小說을 構成시키는 場面이나, 風景이나, 描寫나, 事件이나, 性格이나, 生活이나, 行爲의 形式으로서 啓示되는 것이기 때문이다. 이것은 小說에 있어 思想이나, 人生觀이나, 世界觀이 所在하는 形式

과 조금도 다를 것이 없는 것이다. <보봐리 夫人>의 讀者들이 '푸로벨'에게 '보봐리' 夫人은 누구를 모델로 삼은 것이냐고 質問했을 때 "'보봐리' 夫人은 나다"라고 答辯한 '푸로벨'의 對答은 小說에 있어서 作者의 '나'가 登場되는 秘密에 對한 가장 簡明한 說明이 되고 남음이 있었던 것이다. 作者가 小說 속에 나타나는 形式은 비단 作品 中의 人物에만 局限되는 것이 아니다. 어떠한 風景 하나일지라도 作者가 反映되어 있지 않은 如何한 小說의 한 句節도 없는 것이다. 小說 속에 조금치도 自己를 내세우거나 나타내지 않기로 有名했던 '푸로벨'이 "보봐리 夫人은 나다"라고 말한 것은 作者의 '나'를 어느 곳에도 나타내지 않은 모든 小說의 全部가 그것이 그대로 그 作者의 '나'의 表現이라는 것을 說明해 주고 있는 것이다. 그러면 이러한 意味에 있어서의 作者의 '나'는 都大體 어떤 것인가? 어찌하여 '보봐리 夫人'은 '푸로벨' 自身인가? 이 自明한 論理를 解明하기 爲해서 우리들은 作者의 '나'라는 主觀的인 存在에 對한 徹底한 認識이 必要할 것이다. 小說에 登場되고 있는 作者의 '나'는 勿論 主觀的인 存在다. 아무리 그것이 客觀的으로 取扱되어졌다 하드라도 그것은 作者의 主觀의 産物이요, 投影임을 벗어날 수는 없는 것이다. 그러나 小說 속에 登場되는 作者의 '나'가 아무리 主觀的인 存在라고 해서 그것이 性別로 區

分되거나 意見의 差異나, 心理의 相馳나, 心境이나, 身邊의 相違로 主觀的인 存在인 것은 아닌 것이다. 모든 人間의 運命과 信仰의 內容이 同一한 性格과 生理를 가진 것이 아니라는 意味에 있어서의 主觀的인 存在인 것이다. 性別의 區別이나 意見의 差異나, 心理의 相馳나, 心境이나, 身邊의 記錄이나, 告白을 爲主하는 私小說이나, 身邊小說에 露骨的으로 登場되고 있는 作者의 '나'가 아무리 猛烈히 追求되어도 그러한 것이 조금도 作者의 對人生的인 本格的인 態度가 되어지지 않는 것은 '나'라는 存在의 主觀的인 意味를 '나'의 根源的인 運命과 信仰의 生理와 性格 속에서 求하지 않고 意見의 差異니, 心理의 背馳니 心境이나, 身邊의 異變 속에서 그것을 求하였기 때문인 것이다. 모든 人間이 個別的이라는 眞實한 意味의 內容은 모든 人間의 意見이나, 心理나, 心境이나, 身邊이 모두 同一하지 않다는 것을 意味하는 것이 아니라, 모든 人間의 運命과 信仰의 生理와 性格이 꼭 같이 않다는 것을 말하는 것이다. 다시 말하자면 모든 人間은 서로 얼굴이 다르기 때문에 個別的인 것이 아니라, 제각기 生活하는 內容의 意味와 性格이 다르기 때문에 個別的인 것이다. 人間이 主觀的인 存在라는 것도 主觀을 떠난 客觀이 存在하지 않는다는 意味가 아니라, 모든 人間은 그가 타고난 運命의 內容的인 生理와 性格을 떠난 存在일 수 없다는 말인 것이다. 그러므로 文壇에 盛行되는 數多한 身邊小說이나, 私小說이 意見의 差異니, 心理의 相馳니 心境이나 身邊의 異變만을 追求하는 동안 그것이 아무리 反復되고 猛烈히 展開되어도 作者의 '나'는 自己의 究竟的인 問題와 直面할 수 없을 것이며, 自己의 究竟的인 問題와 直面하지 못한 아무리 많은 小說이 生産되어도 그것은 한 편의 本格小說도 되어지지 못할 것이다. 이것은 私小說이나 身邊小說이 作者의 나를 그대로 作品 속에 登場시킨 때문이 아니라, 自己의 究竟的인 問題와의 對決을 回避하고 身邊이나 心境의 異變을 自己의 究竟的인 人生 問題처럼 對決하고 있었던 때문인 것이다. 作者의 '나'를 언제나 그대로 登場시키는 '안드레·지-드'의 數個의 小說이 形式上으로 볼 때는 本格小說이 아닌 것 같으면서도 本格小說의 이름 아래 불리워질 수 있는 것은 그렇게 登場된 作者의 '나'가 "보봐리 夫人은 나다"라고 한 '푸로벨'의 '나'처럼 自己의 究竟的인 人生 問題와 本格的으로 對決하였기 때문인 것이다. 自己에게 忠實하는 眞正한 態度는 이렇게 自己의 究竟的인 人生 問題를 發見하여 이와 本格的으로 對決해 가는 態度를 말하는 것이다. 이러한 態度 속에 어떤 目的意識이라는 것이 있다면 그것은 自己의 究竟的인 人生 問題를 解決하려는 以外의 如何한 目的도 있을 수 없을 것이다. 그것은 어떤 人間의 究竟的인 問題라는 것은 時事的인 課題나 目前의 政治的 要求와는 그 性質이 다른 것이기 때문이다. 時間과 空間의 制約을 받는 一切의 時事的인 問題는 究竟的인 人生 問題가 되어지지 않는다. 그것은 時間的으로 永遠히 空間的으로 無限히 살 수 있는 課題가 우리의 究竟的인 人生 問題이기 때문이다. 그러므로 時間的인 要求와 空間的인 必要에 依해서 提起되는 政治的인 目的意識이나 史觀的인 觀念 意識에 應하는 小說 역시 그것이 아무리 小說的인 衣裝을 입었다 해도 本格小說은 되어질 수 없는 것이다. 本格小說이라는 것은 어느 時代의 어느 場所에서만 有効한 小說이 아니라 時代와 場所의 區別 없이 그 小說의 生命이 持續되어져야 하는 것이기 때문이다. 이것은 한 人間의 運命의 形象이 온 人類에게 永遠히 無關한 것일 수 없기 때문이기도 한 것이다.

어쨌던 自己의 究竟的인 人生 問題와 本格的으로 對決해 가는 이러한 本格小說에의 態度는 結局 小說이라는 作品의 完成과 함께 自己의 모든 運命과 人生 問題를 解決하고 完成해 가는 것이다. <젊은 藝術家의 肖像畵>를 肖像한 '제임스·쪼이스'는 自己의 實在를 <유리시-스> 속에서 發見해 갔으며 <젊은 벨텔의 悲哀>에 無關心할 수 없었던 '꿰-테'는 드디어 自己의 運命을 解決해 가는 自己

의 <파우스트>를 創造한 것이었다. 다시 말하면 그들의 小說은 그들의 人生의 記念한 碑가 되어졌던 것이다. 그들의 모든 作品은 그들의 究竟的인 人生 問題를 試驗하고 解決해 가는 그들의 어떤 生活과 生涯의 意味의 確立이요, 그들의 어떤 運命의 終決이요, 完成이었던 것이다. '릴케'가 "作品은 그 作者의 記念碑가 되어야 한다"고 말한 것도 이러한 意味에서일 것이다. 小說이 그 作者의 記念碑가 된다는 것 이것은 小說이 偉大하다는 것도 아무것도 아니다. 이것은 다만 小說이 그 作者의 生活의 結論이요, 運命의 表現이요, 그러한 모든 것의 意味의 完成이기 때문이다. 그러므로 한 개의 創作된 小說은 그것의 客觀的인 意義보다도 먼저 作者 自身의 主觀的인 意義가 作者에겐 더욱 重要한 問題가 아닐 수 없는 것이다. 讀者는 勿論 作者 自身도 무엇 때문에 만들었는지 모르는 小說, 作者 自身에게도 아무런 變動도 變容도 가져다주지 못하는 小說… 다시 말하면 作者 自身도 아무런 意義를 發見할 수 없는 그러한 小說은 그것이 아무리 小說로서 完全한 具格을 갖추었다 하드라도 그것은 단지 小說의 具格을 갖추었을 뿐이지 小說로서 가장 重大한 것이 喪失된 것이 아닐 수 없는 것이다. 小說로서 가장 重大한 것이 喪失되었다는 것은 小說이 가진 哲學的 內容이 喪失되었다는 것이며, 小說이 哲學的인 內

容을 가져야 하는 것은 小說이 人生의 究竟的인 問題를 試驗하고 解決하는 것이라는 데 있는 것이다. 完成된 한 편의 小說은 언제나 우리의 哲學的 課題가 아니 될 수 없다. 그것은 小說의 究竟이 哲學의 出發點이 되는 것이기 때문이다. 그러므로 小說은 언제나 그 究竟에 가서 哲學的인 課題를 提出하게 되는 것이다. 人生 問題의 究竟과 對決하는 小說에서 哲學的인 課題를 發見하지 않는 如何한 哲學도 있을 수 없는 것이다. 萬一 그러한 哲學이 事實上으로 存在한다면 그러한 哲學은 槪念의 遊戲가 아니면 觀念의 戲弄에 지나지 않을 것이다. 本格的인 小說은 언제나 哲學的인 課題를 提出하는 것이며, 眞正한 哲學은 언제나 小說에서 自身의 課題를 發見하는 것이다. 그러므로 自己의 哲學으로 因하여 自己 自身이 變容되듯이 作者는 그의 作品을 創作해 놈으로써 自己 自身에 變容이 생기는 것이다. 여기에서 말한 變容이란 自己의 運命의 內容的인 生理와 性格을 發見한 人間의 모든 對應을 말하는 것이다. 이런 意味에서도 作品이 그 作者의 記念碑라는 것은 더욱 强調되어지는 것이라고 할 것이다. 그것은 作品이 그 作者의 記念碑라는 것은 作品이 그 作者의 哲學的 意味를 完成했다는 別途의 表現이기 때문이다. 여기에 있어 記念碑라는 것은 어떤 價値와 意味의 完成에 對한 어떤 追求와 對決과 解決과 成就

와 努力의 아름다운 結果를 永遠히 保存하고 記憶하려는 人間의 感謝와 尊敬의 表現이라는 것이다. 이러한 作者 自身의 記念碑가 되지 않을 수 없는 小說은 自己의 究竟的인 人生 問題에 無關心하지 않을 수 없는 모든 人類의 記念碑가 되지 않을 수 없을 것이다. 本格小說의 究竟은 이러한 人類의 靈魂의 記念碑가 되는 데 있는 것이다. 이러한 人類의 靈魂의 記念碑가 될 수 있는 本格小說이라는 것이 어떤 小說인가에 對해서는 이미 如上의 모든 長徨한 小說에 對한 反省과 그 正道에의 摸索과 究竟的인 人生 問題와의 對決이라는 것으로서 不充分하나마 그 影像을 提示해 보았다고 생각한다. 反復되기만 한 拙劣하고 疎雜한 이 一文 속에서 筆者의 意圖하는 內容만을 選取해 준 讀者가 있다면 多幸으로 생각하겠다.

(1949. 2)

≪조선교육≫, 1949. 2

批評의 論理와 生理
― 나의 批評文學觀

잘되였든 잘못되였든 남의 作品을 批評해 본다는 것은 그렇게 어려운 일이 아니다. 그것은 權威 있어 보이는 어떤 判斷의 基準을 借用해 본다든지 그렇지 않으면 自己流의 어떤 斷案을 내리면 고만이기 때문이다. 그러나 重要한 것은 그가 어떤 權威 있는 判斷의 基準을 借用해 왔든 或은 自己의 主見대로 제멋대로 決斷을 내렸든 간에 그러한 것과는 아모 相關없이 그의 批評이 얼만큼 對象을 正確히 認識하고 얼마만큼 正當한 評價를 내려 노았는가가 問題인 것이다. 그것은 批評의 最初의 要求가 權威 있다고 해서 남의 基準을 借用해 와야 한다든지 或은 제멋대로의 斷案을 나려야 한다든지 하는 데 있는 것이 아니라 언제나 對象에 對한 正確한 認識과 正當한 評價에 있는 것이기 때문이다. 그러므로 批評은 客觀的이여야 한다든지 主觀的이여야 한다든지 或은 科學的이여야 한다든지 印象的이여야 한다든지 하는 따위는 批評의 本質에 愚頓한 現象的인 形式論이 아닐 수 없다. 對象을 正確히 認識하고 正當한 評價를 나리는 데 반다시 科學的이여야 한다든지 꼭 印象的이여야 한다든지 或은 반다시 主觀的이여야 하며 꼭 客觀的이여야 한다는 理由와 條件은 없는 것이기 때문이다. 問題는 그가 對象을 科學的으로 把握했건 印象的으로 感覺했건 客觀的으로 觀察했건 主觀的으로 解釋했건 對象을 正確히

認識했느냐 正當히 評價했느냐 하는 데 있는 것이다. 그러나 모든 사람이 모다 모든 것을 本質的으로만 理解하고 있지 못하는 것처럼 批評의 이러한 簡單明瞭한 論理를 좀처럼 承認하지 않으려는 一群의 作家는 아직 頑固하게 남아있다. 그들의 一部는 科學的인 方法이나 客觀的인 觀察만이 對象을 가장 正確히 認識하고 가장 正當히 評價할 수 있는 唯一한 길이라는 迷信의 捕虜가 되어 있으며 그들의 또 다른 一部는 어떤 主見이나 固執이나 篤信을 主觀이나 印象과 混同하고 있는 것이다. 前者는 一切의 主觀的이며 印象的인 것을 對象의 正確한 認識과 正當한 評價에 背馳되고 妨害되는 것이라 하야 無條件으로 이를 排擊하고 後者는 一切의 客觀的인 觀察이나 科學的인 方法을 眞理와 創造에 등진 行爲라 하야 이를 非難하고 있는 것이다. 이러한 一群의 迷信과 篤信의 信者들은 서로의 判斷이 對象에 對한 正確한 認識과 正當한 評價에 到達되였느냐 그렇지 못했느냐 하는 問題보다도 먼저 主觀的이냐 客觀的이냐 科學的이냐 印象的이냐 하는 것으로서 自己 自身은 勿論 相對方의 判斷을 是非하여 왔든 것이다. 科學主義와 客觀主義의 信奉者들은 그들이 行使하는 科學的 方法이 結局은 한 개의 手段이나 方法에 지나지 못하며 그들이 至上의 態度라고 믿고 있는 客觀的인 觀察이 어떤 同一한 機械를

通하야 客觀的으로 觀察되는 것이 아니라 觀察하는 어떤 主體를 通하야 客觀的으로 觀察되고 있다는 것을 알지 못하였든 것이다. 科學이나 客觀이 무슨 木石처럼 行使되는 것이 아니라 그것을 行使하는 主體가 있다는 것을 알지 못했든 것이다. 科學이나 客觀은 行使하는 主體에 대한 認識이 있었다 하드래도 그것을 時代나 現實과 錯覺하지 않으면 私見이나 固執이나 篤信과 混同하야 主觀과 印象의 이름으로서 이를 否定하였든 것이다. 이러한 錯覺과 混同을 兼해 가진 그들이 眞實로 所有하고 있은 것은 科學도 客觀도 아닌 單純한 科學主義와 客觀主義에 지나지 못했든 것이다. 科學과 科學主義와 客觀과 客觀主義의 差異는 아마 正體와 模型과의 差異쯤은 될 것이다. 우리는 模型을 解剖하고 觀察함으로서 正體에 對한 知識을 얻을 수는 있으나 模型은 끝까지 模型에 끝치는 것이다. 文壇에 汎濫하는 批評의 科學主義者와 客觀主義者들은 말하자면 이 模型을 正體라고 信念해 버린 方法論的 觀念主義者들이다. 科學을 科學主義로 알고 客觀을 客觀主義로 알고 있는 그것의 差異를 조곰도 모르고 있는 科學的 方法이니 客觀的 觀察이니 하는 그들의 唯一한 武器가 對象에 對한 正確한 認識과 正當한 評價를 어떻게 確立할 수 있을 것인가에 對해서는 더 追求해 볼 必要가 없을 것이다. 다만 그들에게 模型

에 對한 正確한 認識과 正當한 評價만은 期待하여도 좋을 것이다. 또 한편의 一群의 印象과 主觀에의 歸依者들 中에는 그들의 個人的인 私見과 固執과 篤信을 正當한 印象이나 主觀이라고 主張하려는 그릇된 努力을 무슨 特異한 個性의 表現이라고 믿고 있는 者도 있다. 그들의 個人的인 私見이나 固執이나 篤信을 意識的으로 正當한 印象이나 主觀이라고 主張하는 部類는 그것이 分明히 自己를 欺瞞하는 態度임으로 最初부터 問題를 삼지 않는다 하드라도 그들의 正當한 印象과 主觀을 한 개의 印象과 主觀으로서 滿足해 버리는 習慣은 그것이 아모리 自信 있는 信念이나 大膽한 勇斷에서 由來된 것이다 할지라도 科學的인 追求와 客觀的인 觀察에 對한 對決과 試合을 抛棄한 敗北의 姿勢와 다를 것이 없을 것이다. 勿論 科學的인 方法을 내걸지 않고 客觀的 觀察을 자랑처럼 내세우지 않아도 그 모든 것을 包攝하고 超越한 印象의 正確性과 主觀의 眞實性을 모르는 것은 아니나 그러한 印象과 主觀을 招來시킨 自身의 主體 意識에까지 止揚시키지 못한 印象과 主觀은 結局 私見과 撞着과 固執과 篤信과 十步 二十步의 差異에 不過할 것이다. 이것을 萬一 個性이라고 믿는다면 그것은 幽靈에 對한 信仰과 같은 것일 것이다. 勿論 우리의 自我 속엔 그러한 私見과 撞着과 固執과 篤信을 合理化하는 條件이 없는 것은 아니다. 그러나 이것을 個性이라고 생각한다는 것은 健康하지 못한 近代人의 知的 幽靈에 지나지 않는다. 個性이라는 것은 個人的인 私見이나 撞着이나 固執이나 篤信을 合理化하는 自我의 辯明이 아니라 우리의 形成化된 主體가 實踐되는 한 形式에 不過한 것이다. 그러므로 個性은 觀念이나 空想 속에 있는 것이 아니라 實踐과 生活을 通하야 表現되여지는 것이다. 그것은 個性이란 實踐하고 生活하는 主體의 한 몸짓이기 때문이다. 이러한 重大한 것을 忘却한 主觀과 印象의 歸依者들이 갖인 印象과 主觀과 私見과 撞着을 全的으로 安心하고 信賴할 수는 없을 것이다. 이러한 印象과 主觀의 批評 속에 對象의 正確한 認識과 正當한 評價가 可能하리라고는 볼 수 없을 것이다. 여기에 있어 우리들은 批評의 科學主義와 客觀主義의 迷信者들이나 印象主義와 主觀主義의 篤信者들이 前者는 그들의 模型으로서 後者는 그들의 幽靈으로서 對象을 正確히 認識하고 正當히 評價하는 唯一한 길이라고 믿었으나 結果는 둘 다 꼭 같이 完全히 正確하지도 못하며 完全히 正當하지도 못하다는 것을 發見할 수 있다는 것이다. 그리고 더욱 重要한 것은 이러한 모든 過誤의 原因이 印象主義나 科學主義나 主觀主義나 客觀主義에 있은 것이 아니라 그것을 唯一한 武器로서 行使한 批評하는 主體에 그 過誤가 있었다는 것이다. 그것은 正確하게 認識하고 正當히 評價하는 自體가 科學主義나 客觀主義나 主觀主義나 印象主義에 있는 것이 아니라 그것을 行使하는 主體에 있는 것이기 때문이다. 그리고 우에서 指摘한 것처럼 우리가 正確하게 認識하고 正當히 評價하는 데는 반다시 主觀的이여야 하며 客觀的이여야 하며 印象的이여야 한다는 何等의 理由도 없는 것이기 때문이다. '보-드렐'의 批評이 主觀的이라고 해서 그것이 正確하지 못하다고 말할 수 없으며 '테-누'의 ≪藝術哲學≫이 科學的이며 批判的이라고 해서 對象을 正當히 評價하지 못했다고 말할 수도 없으며 '콩트'가 實證的이라고 해서 眞理와 創造에 어긋났다고도 못할 것이며, '아나돌 푸랑스'가 主觀的이고 印象主義였다고 해서 그의 批評이 客觀的이며 科學的인 價値를 갓지 못했다고 아모도 斷言하지 못할 것이다. 오히려 우리들은 가장 主觀的이였든 '보-드렐'의 批評에서 가장 嚴正한 科學 精神을 發見하였고 가장 科學的이며 가장 主觀的이였든 '테-누'의 批評에서 가장 主觀的이며 印象的인 '테-누'의 才能을 感覺했으며 누구보다도 實證的인 '콩트'에서 實存 精神을 意識하기도 했으며 印象主義와 主觀主義 批評의 한 模範이라는 '아나돌 푸랑스'의 批評에서 우리는 티끌만 한 私心이나 私見도 없는 苛酷할 만한 科學 精神과 客觀的인 觀察을

發見하기도 했든 것이다. 이것은 무엇을 立證하고 있느냐 하며는 그들이 가진 科學이나 印象이나 主觀이나 客觀的인 觀察이 모다 對象을 餘地없이 認識하고 그것을 嚴正하게 論斷하는 한 개의 形式에 不過했다는 것이다. 對象을 正確히 認識하고 正當한 評價를 나리는데 '보-드렐'은 그것을 情熱의 形式으로 '콩트'는 實證의 形式으로 '데-누'는 科學의 形式으로 '아나돌 푸랑스'는 主觀의 形式으로 이를 遂行했을 뿐이다. 그들에겐 情熱이나 實證이나 科學이나 主觀이 한 개의 便利한 方法的인 形式이 아니라 對象을 正確히 認識하고 正當히 評價하려는 그들의 生命의 한 形式이였다는 것이다. 그들의 어쩔 수 없는 生命의 한 表現이였다는 것이다. 그들은 처음부터 對象을 正確히 認識하고 正當한 判斷을 내리는 데 어떤 簡單하고 便利한 方法이 있다는 것을 믿지 않었든 사람들이다. 오히려 그들은 그러한 一切의 簡單하고 容易한 方法이 그렇게 簡單하고 容易하게 對象을 料理할 수 없다는 것은 누구보다도 깊이 觀察했든 사람들이다. 그들은 그들이 安心하고 依據할 수 있는 어떠한 方法에도 自己를 依據하지 않고 對象을 料理하려는 大膽한 事業에 着手했을 뿐이다. 그들이 믿고 信賴한 것이 있었다면 地球上에 하나박게 없는 批評할 수 있는 自己의 主體에 對한 唯一한 自信과 信仰뿐이였을 것이다. 그들이 가진

一切의 實證이니 情熱이니 主觀이니 客觀이니 印象이니 科學이니 하는 것은 이러한 그들의 主體가 對象을 正確히 認識하고 正當히 評價해 보자는 그들의 武器 없는 努力이 行使되는 途中에 스스로 獲得되여진 한 方法이요 形式에 不過했든 것이다. 이러한 方法과 形式은 그들의 主體와 떠나서는 아무런 內容도 意味도 없는 한 개의 死體에 不過했든 것이다. 이러한 그들의 方法과 形式을 누구든지 使用할 수 있는 누구든지 使用하면 되는 便利하고 簡單한 한 方法이나 形式이라고 借用하는 사람과 그것을 그들의 어쩔 수 없는 生命의 表現이라고 생각하고 그들의 모든 形式과 方法을 그들의 主體와 떠나서 別個로 理解하지 않는 사람과의 차이는 正體를 그림자처럼 錯覺하고 그림자를 正體처럼 認識하는 그렇게 크고 決定的인 差異가 버러지는 것이다. 그러므로 여기에서 우리가 決定的으로 斷言할 수 있는 것은 어떻게 하면 對象을 正確히 認識하고 正當히 評價할 수 있느냐 없느냐가 問題가 아니라 對象을 正確히 認識하고 正當히 評價할 수 있는 如何한 批判하는 主體가 確立되여 있느냐 없느냐가 一問題인 것이다. 主體 없는 方法이 어떠한 判斷을 내릴 수 있을 것인가, 우리는 그것을 想像할 수도 없을 것이다. 그러나 確立된 正體는 그가 判斷하려는 用意와 意思가 行使된다면 方法은 그의 生命의 表現의 한 形

式으로 얼마든지 發見되고 發明될 수 있을 것이다. 그러므로 問題는 恒常 批判할 수 있는 批評하는 主體의 確立 如何에 달여 있다고 할 것이다.

그런데 여기에서 또 하나의 重要한 問題가 提起되지 않을 수 없을 것이다. 그것은 어떠한 認識이 가장 正確한 認識이며 어떠한 判斷이 가장 正當한 判斷이냐 하는 問題이다. 이것은 批評이 發生된 以後 한 번도 中止되지 않고 持續되어 온 모든 論戰의 發端이기도 했다. 나는 우에서 批評의 最初의 要求는 對象에 對한 正確한 認識과 正當한 判斷에 있다고 말했을 뿐 아니라 正確한 認識과 正當한 判斷이라는 抽象的인 用語를 함부로 使用해 오기까지도 했다. 그러면 어떠한 認識이 가장 正確한 認識이며 어떠한 判斷이 가장 正當한 判斷인가, 具體的인 對象에 對한 具體的인 認識과 判斷을 떠나서는 論難할 수 없는, 具體的인 對象에 對한 具體的인 認識과 判斷이 있어도 여러 가지 意見과 見解가 相反될 수 있는 이 永遠한 批評의 課題에 對하야 나는 다음과 같은 結論을 가지고 있다. 그것은 이 地球上에 단 하나의 眞理만이 存在한다고 말할 수 없는 것과 마찬가지로 가장 正確하고 가장 正當한 認識과 判斷이 하나가 아니라는 것이다. 이 말은 가장 正確하고 가장 正當한 여러 가지 判斷이 있다는 것이다. 사람은 먹어야 산다는 것이 한 개의 眞理인 것처럼 사람은 똥을 누어야 산다는 것도 한 개의 眞理인 것과 마찬가지로 한 개의 對象은 그것을 批評하는 主體의 如何에 따라 서로 相反되는 가장 正確한 認識과 가장 正當한 判斷을 가질 수 있는 것이다. 한 개의 對象은 한 개의 唯一한 가장 正確한 認識과 가장 正當한 判斷이 있을 뿐이라는 것은 사람에 對해서 사람은 밥을 먹어야 산다는 한 개의 眞理가 있을 뿐이라는 것과 마찬가지로 어떠한 境遇와 條件에 있어서의 唯一한 眞理와 唯一한 認識과 判斷에 不過한 것이다. 어떤 對象은 반다시 一定한 境遇와 條件만을 가지고 評價할 수 없는 그 以上으로 批評하는 主體는 對象을 通하야 自己의 生命을 表現하기 爲하야 얼마든지 相反된 結論을 가저올 수 있는 對象이 가진 다른 境遇와 條件에서 다른 가장 正確하고 가장 正當한 判斷을 가저올 수 있는 것이다. 이것은 무엇을 意味하느냐 하며는 批判에 있어 重要한 것은 역시 對象이 아니라 主體라는 것이다. 이것은 詩나 創作에 있어서와 마찬가지로 어떤 現實이 重要한 것이 아니라 重要한 現實을 어떻게 創作했느냐 하는 것이 더욱 重要한 것이기 때문이다. 同一한 現實을 두고 百名의 詩人과 百名의 小說家가 創作한 作品이 제각금 다른 것처럼 同一한 對象을 批評한 百名의 批評文도 서로 다른 것이다. 이것은 批評하는 主體가 반다시 同一하지 않는 데에서 오는 批評의 生理的 現象이 아닐 수 없다. 批評하는 主體가 同一하지 않다는 明白한 事實을 認識하면서도 批評의 同一한 結論을 要求한다는 것은 人間에 對한 깊은 知識의 不足인 同時에 批評의 生理를 모르는 白痴가 아닐 수 없는 것이다. 그러므로 우리가 明白히 記憶해야 할 것은 批評도 詩나 小說과 마찬가지로 하나의 創作이요 作品이라는 것이다(拙文 <批評文學論> 參照-≪海東公論≫ 第三卷 第二號). 그렇다고 批評이 가진 對象에 對한 判斷의 役割을 否定하거나 減少시키려는 것은 아니다. 나는 分明히 우에서 批評의 最初의 要求는 對象에 對한 正確한 認識과 正當한 評價에 있다고 말했다. 나는 批判이 가진 이러한 價値判斷의 役割을 過小評價하려는 者는 決코 아니다. 다만 批評이 가진 그러한 機能은 批評이 自己를 完成하려는 한 개의 形式에 不過하다는 것이다. 이것은 詩나 小說이 現實을 直接的으로 取扱함으로서 作品을 通하야 作者의 世界를 表現하는 것처럼 批評은 對象의 價値를 評定하는 形式을 通하야 自己의 世界를 表現한다는 것이다. 그러므로 批評의 最初의 要求는 價値判斷에 있으나 批評의 究竟의 目的은 그러한 價値判斷을 通하야 自己의 世界를 完成해 가는 詩나 小說과 마찬가지의 價値 創造의 事業이라는 것이다. 이것은 내가 恒常 主張해 오고 實踐해 온 批評에 對

한 나의 抱負요, 情熱이다. 萬一 批評이 單純한 價値判斷에 終息된다면 그것은 價値를 計量할 수 있는 一定한 尺度나 公式을 制定하야 그에게 맥길 것이지 우리가 批評이라는 文學의 한 形式에 關心과 情熱을 感覺할 必要는 없을 것이다. 내가 우에서 批評이 批評하는 主體의 生命의 表現이라고 한 것도 이러한 理由에서였든 것이다.

여기에서 또 하나 우리가 잊이 못할 重要한 事實은 批判하는 主體가 어떤 남의 便利한 方法이나 公式을 借用해 오지 않고 純全히 自己의 方法과 形式에 依據하야 充分히 對象을 批判하고 充分히 自己의 世界를 展開시켜 놓았으나 生命을 느껴 볼 수 없는 數多한 批評文이 文學評論의 이름 아래 濫造되고 있다는 事實이다. 作品이나 文學에 對한 學術的인 論文이나 術語나 辭典的 用語의 羅列로서 作成해 논 評論이나 혹은 思潮나 槪念的인 무슨 主義의 무슨 學的 形式으로서 組版해 논 批評文 等이 그것이다. 그러한 一群의 批評 속에 論理와 判斷과 知識과 敎養과 槪念은 있을는지 모르나 그러한 批評이 生命 없는 卷頭 論文式 白痴로 化해 있다는 것은 重要한 일이 아닐 수 없다. 그것은 單純한 論理나 判斷이나 知識이나 敎養이나 槪念이 文學이 아니라는 平凡한 事實을 完全히 忘却한 데에서 發生되였든 것이다. 우리는 文學 意識이 가장 强烈한 文學 形式이 批

評임을 아라야 할 것이다. 詩나 小說은 現實이나 人生에 對한 意識으로서 充分할는지 모르나 批評은 文學 意識이 없이는 成立될 수 없다는 것이 批評의 첫 條件이다. 그러므로 批判하는 우리의 文學 意識은 單純한 論理나 槪念이나 術語의 羅列이나 判斷이나 知識이나 敎養이 文學이 아님을 分別해 두어야 할 것이다. 批評이 하나의 文學으로서 우리에게 鑑賞될려며는 그것이 單純한 論理나 知識이나 槪念만으로서 讀者의 諒解와 說服을 求할 것이 아니라 感動과 感覺을 通한 理解와 說服도 無視되어서는 않 될 것이다. 우리는 批判이 論理나 知識이나 槪念이나 '이데오로기'만을 口味하는 것이 아니라 詩나 小說처럼 果實을 口味하는 그러한 맛이 있어야 한다는 것을 留意할 必要가 있을 것이다.

如上에서 내가 이야기하고 싶은 것을 一括的으로 總括한다면 그것은 批評에 있어 우리가 簡單히 借用하거나 適用해 올 수 있는 그러한 便利한 方法이나 形式이 없다는 것. 이러한 方法이나 形式이 있었다면 그것은 그러한 批評하는 主體가 가진 生命의 한 表現이라는 것, 그러므로 이러한 方法과 形式이 模倣으로서 이루어지는 것이 아니라 批評하려는 主體가 發見하고 發明해야 된다는 것. 그리고 批評에 있어 根本的인 問題는 批評받는 對象이 아니라 批評하는 主體의 確立이 問題라는 것. 그러므로 어떻게 對象이

評價되였느냐가 重要한 것이 아니라 어떻게 評價하는 어떠한 主體를 가졌느냐가 重要하다는 것. 그리고 이것은 批評이 가진 價値判斷의 職能을 過小評價한다든지 否定하는 것이 아니라 批評은 對象을 判斷하는 形式으로 批評하는 主體를 表現하고 完成해 간다는 것. 그러므로 批評도 詩나 小說과 마찬가지의 價値 創造라는 것. 그러므로 해서 批評은 더욱 文學 意識이 强烈히 發動되여야 한다는 것, 單純한 判斷이나 知識이나 敎養이나 論理나 槪念이 批評의 形式을 가추었다 하드래도 그것은 文學이 아니라는 것, 그러므로 批評은 무엇보다도 먼저 果實을 口味하는 그러한 맛이 있어야 한다는 것이다. 이로서 나는 批評이 가져야 하는 論理와 生理와 그리고 그에 附隨되는 몇 가지의 問題에 對해서 나대로의 見解를 表明하였다고 본다. 나의 이러한 批評文學觀에 對해서 얼마든지 많은 異議와 相反되는 見解가 發生될 수 있다는 것을 나는 알고 있다. 나는 그러한 모든 可能性과 可能한 그러한 모든 異議와 見解를 充分히 認定하면서 나는 나의 이러한 批評文學에 對한 態度와 見解를 肯定하고 信仰하는 者이다.

(一九四九, 一,)

≪백민≫, 1949. 3

概念의 空虛와 그 模糊性
－白鐵 氏의 ≪朝鮮 新文學 思潮史≫를 中心으로

나는 白鐵 氏의 批評 活動에 對하여 다음과 같이 말한 적이 있다.

"萬一 失戀하여 漢江에서 投身自殺한 女人이 있다면 그 女人의 自殺하기까지의 一切의 苦憫이라든지 그 心理의 獨特한 推移에 對해서 氏는 緘口不言할 것이며 다만 그것은 한 개의 失戀的 事件이라고 規定한 後 그 한마디의 規定으로서 모든 것은 解決되었다는 듯이 氏는 泰然自若히 安心해 버릴 것이다. 氏의 一切의 槪念的 規定은 이를테면 이러한 失戀的 事件이라는 規定과 마찬가지인 것이다. 그러나 文學은 한 女人의 投身自殺을 白鐵 氏처럼 失戀的 事件이라고 規定지음으로서 安心할 수 없는 곳에서 發生되는 것이다. 萬一 그렇게 安心해 버릴 수 있다면 一切의 文學 行動은 無意味한 것이 될 것이다. 文學 行動보다도 失戀的 事件이니 自然主義니 浪漫主義니 技巧主義니 하는 槪念만을 消化해 버리면 萬事는 解決되지 않는 것이 없으며 理解되지 않는 것이 없을 것이기 때문이다. 그러나 모든 人間 問題가 그러한 槪念만으로서 解決되지 않는다는 것은 小學校 作文 時間에서도 이미 우리들은 배워 온 것이다 (一九四八年 二月 ≪平和日報≫ ＜槪念과 公式＞)."

白鐵 氏의 一生의 勞作일는지 모르는 ≪朝鮮 新文學 思潮史≫를 읽고 내가 느낀 것도 역시 그것이었다. 나는 이

곳에서 氏의 文學에 對한 根本的인 意識과 關聯해 가면서 氏의 ≪朝鮮 新文學 思潮史≫라는 어마어마한 著書가 가진 그 內容的인 槪念의 空虛와 模糊性을 指摘해 보려고 한다.

四百餘 頁에 達하는 ≪朝鮮 新文學 思潮史≫(上卷)는 그 五分之四 以上이 이 著書의 對象이 되어진 作品이나 或은 他人의 批評文의 引用으로서 이루어진 素材의 羅列이요 旣存 資料의 複寫였다. 氏가 自己의 見解나 或은 新文學 思潮史를 史的으로 解釋하는 데 所費한 '스페-스'는 四百頁의 著書 중에서 그 五分之一에 不過한 것이다. 그러나 氏가 自己의 見解나 新文學 思潮를 史的으로 解釋하는 데 所費한 이 五分之一의 '스페-스'가 氏의 獨自的인 見解나 解釋의 表現이 아니라 氏가 引用한 素材나 資料의 反復이요 그 延長이였다면 ≪朝鮮 新文學 思潮史≫라는 氏의 著書는 하나의 文學史이기보담은 資料나 素材의 無鑑査 展覽會에 지나지 않을 것이다. 氏는 自己의 文學的 認識力이나 文學史的 解釋力의 貧困을 回避하기 爲하여 作品을 그대로 長文으로 引用함으로서만 自己의 文學的인 能力을 '캄푸라쥬-'하려 하였고 自己의 文學史的인 解釋이나 判斷의 貧困을 忌避하고 補充하기 爲하여 이미 素材化되고 資料化된 作家나 批評家의 判斷과 評價를 그대로 踏襲 反復

하였든 것이다.

　氏가 얼마나 이미 素材化되고 資料化된 他人의 判斷과 評價를 그대로 踏襲 反芻하고 있는가에 對해서는 決定的인 判斷과 評價를 나려야 될 重要한 部分에 引用된 數多한 歷代 作家들의 批判的인 論說의 無反省한 借用의 事實을 보아도 알 수 있는 것이다. 氏는 徹底하게 金東仁, 朴英熙, 金基鎭, 朴鍾和, 玄鎭健, 廉想涉, 林和 其他 諸氏의 所論을 그대로 自己의 意見으로서 代替하였든 것이다. 이러한 行爲도 그 時代의 意識과 思潮를 判斷하는 데 必要한 措置가 아닐 수는 없으나 이미 그러한 모든 文學的 行爲를 文學史的으로 整理하고 分類하는 데 있어서 그러한 것은 이미 하나의 資料나 素材가 아닐 수 없으며 이러한 素材와 資料에 對한 再批判과 再整理와 새로운 解釋이 加해지지 않으면 아니 되는 것이다. 더욱히 近代 思潮가 朝鮮에 들어와 不自然하게 不具的으로 形成되어진 點에 對한 林和 氏의 ＜亞細亞의 한 宿命的인 停滯性＞(林和, ≪新文學史≫) 때문이라는 所論을 "朝鮮의 그 特殊性이 果然 林 氏의 말과 같이 原始社會 以來의 停滯性의 蓄積에 依한 것인지 아닌지는 盲從해 둘 수밖에 없다"(≪朝鮮 新文學 思潮史≫ 十四頁 七行)라고 한 것 같은 것은 言語道斷的인 그 極端의 例일 것이다. 新小說이 古代小說과 新文學小說과의 文學史的인 過渡的인 小說이라는 것까지도 林和 氏의 所論을 그대로 追從 複寫하고 있는 氏가 林和 氏의 頭腦에 얼마나 壓倒되고 强壓當해 있는지는 모르나 '亞細亞的 停滯性'이라는 것은 우리가 盲從할 問題가 아니라 우리가 批判的으로 이를 究明하지 않으면 아니 될 課題의 하나일 것이다. '亞細亞的 停滯性'이라는 것은 林和 氏의 發見도 創意도 아닌 經濟學의으로는 옛날부터 問題되어진 命題의 하나였든 것이다. 中國에 오래동안 와 있었든 經濟學者 '우잇트·포-겔'10)이 '亞細亞的 生産樣式'이라는 問題를 提起한 以後부터 '亞細亞的 停滯性'이라는 用語는 아무런 反省이나 究明도 加해지지 않고 그대로 使用되어진 것이다. 이것은 西洋의 立場에서 觀察된 東洋의 特殊性이 아닐 수 없는 것이다. 이러한 西洋의 立場에서 觀察된 東洋의 特殊性을 그대로 다시 朝鮮에 適用하는 데 盲從하기로 하였다는 것은 西洋의 文學思潮도 아니요 東洋의 文學思潮도 아닌 朝鮮의 文學思潮를 記錄하려는 氏에게 있어 自家撞著

---

10) 우잇트·포-겔: 카를 비트포겔(Karl Wittfogel, 1896~1988). 독일 태생의 미국 사회학자, 중국학자다. 중국 사회를 마르크스주의 입장에서 연구했다. ≪중국의 경제와 사회≫(1931), ≪중국 사회의 역사≫(1949), ≪동양의 전제주의≫(1957) 등을 썼다.

도 지나친 것이라 아니할 수 없을 것이다.

'亞細亞的 停滯性'이라는 것에 對해서 나는 아직 別다른 意見을 準備하고 있지 않다. 다만 氏가 이를 朝鮮의 新文學史에 適用한 林和 氏의 所論에 그대로 盲從하기로 하였다는 文學史의 執筆者로서의 氏의 根本的인 態度와 用意에 對해서 輕蔑에 가까운 것을 느꼈을 뿐인 것이다. '亞細亞的 停滯性'이라는 것이 우리에게 課題되어진 것은 東洋人의 自覺에 依한 것이기보담은 西洋人의 東洋에 對한 批判을 通하여 東洋人이 自己를 反省해 보려는 곳에서 發生되어진 것이며 이를 適用해 본 林和 氏의 ≪朝鮮 新文學史≫는 唯物史觀이라는 確固한 史觀을 가질 수 있었든 林和의 文學的인 根本 意識을 土臺로 하고 쓰여진 것이다. 이에 그대로 盲從한다는 것은 白鐵 氏가 自己의 一定한 文學觀을 갖지 못했다는 自己 貧困의 告白 以外의 아모것도 아닌 것이다. 勿論 氏 自身도 自己의 이러한 文學的 貧困을 意識하지 못한 것은 아니어서 "이 思潮史는 하나의 批評史이기보다는 그 歷代 思潮와 文學을 紹介하는 程度에 몇으려고 한 것이다"라고 自己의 無能을 告白하고 있으나 氏가 該著書를 '朝鮮 新文學 思潮 素材 紹介書'라고 率直히 내세우지 않고 이를 '朝鮮 新文學 思潮史'라는 明確한 題名 아래 世上에 公刊하였다는 것은 氏의 意圖와 着眼이 역시 文

學史에 있었다고 보지 않을 수 없는 것이다. 그러나 적어도 文學史라고 하면 如何한 境遇를 莫論하고 單純한 素材의 羅列이나 資料의 複寫에 끝처서는 아니 되는 것이다. 그뿐 아니라 文學史는 어떠한 種類를 莫論하고 單純히 文學을 時代的으로 區分하고 思潮的으로 分類하는 데만 끝이는 것이 아니라 그러한 것이 一貫한 文學觀을 土臺로 提示되지 않으면 아니 되는 것이다. 그것은 一貫한 文學觀의 土臺나 基礎가 없이 時代의 區分이나 思潮의 分類가 不可能할 뿐만 아니라 一貫한 文學觀이 없이 文學이나 時代나 思潮가 認識되고 把握되어질 수는 없는 것이기 때문이다. 主體的인 認識을 떠난 歷史에의 關心이나 回顧라는 것은 歷史를 統一된 生命體로서 把握하지 못하고 歷史를 單純한 事件의 起伏이나 連鎖로서밖에는 理解하지 못하는 것이다. 氏의 思潮的으로 바라본 朝鮮 新文學史가 素材나 資料의 羅列과 複寫에만 끝이게 된 것은 氏가 文學上의 素材와 資料를 하나의 統一된 生命體로서 文學史化시키는 데 必要한 主體的인 文學觀이 貧困했든 때문이 아닐 수 없는 것이다. 主體的인 文學觀이 貧困한 사람에게 素材와 資料를 史的으로 解釋하고 整理하고 評價할 수 있는 能力은 있을 수 없는 것이다.

그러나 이러한 主體的인 文學觀의 貧困에서 由來된 素

材의 羅列과 資料의 複寫로서 外觀上으로는 愚盲한 一般 文學靑年이나 學生들에게 文學史的인 著書의 하나로서 ≪朝鮮 新文學 思潮史≫를 對하게 되는 錯覺이 이러날 수 있게 꾸며진 것은 氏의 多年間의 文學的 熟練과 自己의 文學에 對한 根本的인 意識과 才質을 얼마든지 속일 수 있는 氏의 槪念的인 用語의 技術的인 驅使의 德分이였던 것이다. 이미 ≪文學 槪論≫이라는 無內容한 虛構的인 著作物을 形骸化한 槪念的인 用語로서 外觀을 갖추는 데 非常한 能熟을 證明해 놓은 氏가 ≪朝鮮 新文學 思潮史≫에서 다시 그러한 空虛한 槪念의 煙幕으로서 低級한 讀者들에게 模糊한 魔醉를 試驗해 보려고 한 것은 氏와 같은 批評 常識만이 容許할 수 있는 일일 것이다. 氏의 同 著書 속에 一貫하고 있는 公式과 槪念은 至極히 簡單明瞭하다. "近代 思潮라는 이름으로 불리워지는 여러 가지 近代의 流潮는 決코 一時에 生成된 것은 아니다. 그것은 한 潮流 한 潮流의 近代的 發展 階段을 反映한 것인 同時에 한 潮流에서 한 潮流에의 發展은 決코 偶然한 延長이 아니고 各各 明確한 그리고 必然的인 契機와 反動 위에 일우어진 것이었다. 가령 十七世紀 末의 古典主義에 對한 反動으로서 浪漫主義가 生成했다면 一定한 期間 뒤에 온 自然主義는 다시 그 浪漫主義에 對한 反動으로서 發生된 새로운 潮流였으며 다시 그 뒤엔 自然主義에 對한 反動으로 象徵主義 新理想主義 其他 數多한 潮流가 와서 二十世紀 前後를 燦爛하게 장식하였다(同著 二十四頁 二行)."

　여기에 提示되어 있는 몇 개의 用語에 對한 概念과 그러한 概念을 內容으로 하는 몇 개의 潮流가 여기에 記錄된 順序와 方法에 依해서 變更, 發展되어 있다는 單調하고 簡單한 概念과 公式을 理解하는 사람에게 四百餘 頁에 亘하는 이 尨大한 著書는 無用의 製本일 것이다. 氏는 여기에 引用된 氏 自身의 概念과 公式을 움직일 수 없는 鐵則처럼 그대로 四十年의 朝鮮 文學史에 適用시킨 것이다. 그러므로 氏가 使用하는 文學思潮의 概念은 古典主義, 浪漫主義, 自然主義, 象徵主義, 新理想主義 等의 몇 개의 用語로서 理解되는 內容의 것이며 이러한 것은 漸次的으로 前者에 對한 順次의인 反動의 公式에 依해서 發生되고 生成된 것이라는 것이다. 그래서 氏의 ≪朝鮮 新文學 思潮史≫는 어떤 時機에 어떤 主義가 어떠한 作家들로서 實踐되었으며 그것에 對한 反動으로서 어떤 時機에 어떤 作家들로서 어떤 主義가 다시 提起되었다는 一律의인 素材의 提出에 지나지 못하고 있는 것이다. 우리가 文學史에 要求하는 것은 이러한 公式的이며 概念的인 現象的으로만 生起되는 思潮의 順序的인 記錄만이 아니다. 우리가 眞實로 文學史

에 要求하는 것은 現象的으로 生起되는 모든 思潮가 어떠한 必然的인 現實 속에서 生成된 것이며 그것은 어떠한 人間性의 本質에서 由來되어진 것인가를 歷史的으로 究明하고 追求함으로서 文學史는 한 人間의 成長의 過程처럼 그것을 이루어 놓은 人間의 本質的인 生命의 營爲가 形象化되어 있지 않으면 아니 된다는 데 있는 것이다. 歷史란 單純히 死文化한 過去의 記錄이 아니라 現在는 勿論 未來에까지 作用해 가는 生命的 要素임으로 歷史는 우리의 槪念的인 理解의 對象이 아니라 우리가 우리의 未來와 前途를 試驗하고 開拓해 가는 課題의 對象인 것이다. 우리가 우리의 過去를 어떻게 바라보느냐 하는 것으로서 우리의 未來와 進路는 決定되는 것이다. 그러므로 우리의 文學史에 對한 態度는 우리의 過去의 文學을 槪念的으로 整理하고 分類하는 데 있는 것이 아니라 過去의 우리의 文學이 우리 民族의 어떠한 民族的 生命의 本質的인 表現이며 그것은 어떠한 現實的인 必然性 속에서 生成된 것인가를 究明해 보는 데 있어야 할 것이다. 이러한 本質的인 究明을 經過하지 못한 一切의 皮相的인 思潮의 槪念이라는 것은 人間과 떠난 生命의 形骸요 思想의 模型에 지나지 않는 것이다. 그것은 歷史란 어떠한 種類의 歷史를 莫論하고 한 개의 산 生物과 같은 生命的인 存在이기 때문이다. 文學史에 對한 이러한 根本的인 認識과 態度를 가질 수 없었든 氏는 氏의 唯一한 技能의 全部라고 볼 수 있는 槪念的 認識으로 因하여 實로 致命的인 過誤와 誤謬를 犯하고 마라 버린 것이다. 그것은 作品 속에서 思潮를 抽象해 오는 것이 아니라 思潮로서 作品을 理解하고 解釋하였다는 主客顚倒의 事實이 그것이다. 氏는 어떠한 思潮 속에 어떠한 作品이 包含될 수 있느냐 없느냐 하는 것부터 먼저 檢討하였든 것이다. 그리고 그것만이 氏의 作品 判斷의 全部였든 것이다. 作品은 언제나 氏의 그러한 思潮的인 意識을 通해서만 把握되여 젓든 것이다. 그러므로 모든 文學作品은 氏의 槪念的인 思潮 意識에 依하여 外形的으로 보기 좋게 分類되고 整理되지 않을 수 없었다. 그러나 重要한 것은 作品의 本質的인 要素가 氏의 그러한 槪念的인 思潮 意識으로서는 到底히 把握되지도 않으며 보이지도 않았다는 事實이다. 作品의 가장 重要한 本質的인 要素는 모조리 놓처 버리고 作品의 根本 問題와는 아무런 關係도 없는 思潮라는 皮相的인 形式으로서 四十年의 우리의 新文學史를 氏는 簡單明瞭하게 料理해 버린 것이다. 四百餘 頁에 亘하는 同 著書가 氏의 決死的인 努力에도 不拘하고 無內容한 空虛感만을 讀者에게 傳해 주는 理由도 여기에 있었든 것이다. 古典主義니 浪漫主義니 自然主義니 象徵主義니 新理想主義니 하는 몇 개의 概念만으로서 우리의 新文學史가 思潮的으로 眞實로 理解될 수 있다면 우리가 世界文學史를 언제든지 다시 工夫할 必要도 없을 것이며 그러한 槪念的 用語가 內容으로 한 몇 개의 思潮가 反動의 公式으로서만 生起되였다면 全 人類의 歷史가 가진 微妙하고 複雜多端한 深刻한 그 變動의 樣相에 對해서 우리는 아무런 懷疑도 없을 것이며 그것을 正確히 認識하는 데 史家들의 莫大한 努力과 時間을 갖지 않아도 좋을 것이다. 그러나 歷史의 實態와 本質이 氏의 그러한 槪念的인 判斷과는 아무런 關係도 없이 進展되고 營爲된다면 氏의 《朝鮮 新文學 思潮史》란 大體 무엇을 보고 무엇을 記錄하려 한 것일가. 몇 개의 思潮가 時代的으로 分類는 되어 있으나 一貫한 朝鮮 文學의 性格과 傳統이 조곰도 나타나 잇지 않다는 것은 문학사의 意義를 全的으로 喪失식혓을 뿐 아니라 四十年의 '朝鮮 新文學史'를 完全히 死物化식히고 마라 버린 것이다. 文學史의 眞正한 意義가 過去의 文學을 整理하고 分類하는 形式을 通하여 그 속에 숨어 흐르고 있는 傳統과 性格을 發見함으로서 過去의 文學 遺産이 現在와 未來에 作用되여 오는 文學의 本質을 밝혀 주는 데 있는 것이라면 그러한 朝鮮 新文學 四十年間의 歷史 속에서 우리 文學의 傳統과 性格에 對한 認識과 關心과 配慮가 조곰치도 나타나지를 못했다는 것은 同 著書가 얼마나 槪念的인 思潮의 羅列에만 끝처 버렸는가를 實證하는 것이 아닐 수 없는 것이다.

그러나 氏의 그러한 無內容한 槪念의 煙幕도 끝까지 讀者를 속일 수는 없었든 것이다. 氏의 能熟한 槪念的 驅使도 氏가 行使하는 槪念의 無知한 模糊性이 摘發될 때 알 수 있는 사람은 모다 氏의 槪念的인 批評의 正體가 무엇인 줄을 다 알 수 있었든 것이다. 對象을 認識하는 데 正確하지 못한 氏는 이것을 表現하는 데 역시 또한 正確하지 못했든 것이다. 이러한 認識과 表現의 不正確性이 氏의 모든 것을 模糊化시키려는 故意의 行爲인지 氏의 眞正한 能力의 不足에서 오는 所謂인지는 모르나 이러한 氏의 不正確性에서 由來되는 模糊性이 氏의 槪念의 煙幕 속에서 暫時 彷徨하든 讀者들에게 氏의 文學的 正體를 把握하는 데 좋은 契機가 되었든 것이다. 나는 氏의 數多한 認識과 表現의 不正確性에서 오는 氏의 槪念의 模糊性을 내가 쉽사리 引用해 볼 수 있는 氏의 同 著書 속에서 그 一例를 들어 보기로 하겠다.

"先進해서 近代的인 것을 消化한 日本이 近代的인 것은 結局 資本主義的인 것인 때문에 植民地인 이 地域에 對하여는 온갖 意味에서 掠奪者였다는 것은 우리가 보고 體驗한 事實이다"(同書 二二頁).

文學者의 文章 같이 않은 이 지나치게 어색한 짤막한 文句가 意味하는 內容이 무엇인가에 對해서만은 우리는 容易하게 알 수 있다. 그러나 日帝 四十年의 虐掠이 資本主義였기 때문에 日帝가 우리의 掠奪者가 되었다는 것은 팜푸문11) 한 卷을 읽고 歷史의 必然性을 論하는 二十歲 未滿의 '맑스' 靑年的인 認識이 아닐 수 없다. 日本이 우리보다 먼저 資本主義的이였기 때문에 우리보다 먼저 近代化되었다는 말은 肯定할 수 있다고 하드라도 日本이 資本主義였기 때문에 우리의 掠奪者가 되었다는 것은 우서운 말이다. 日本이 資本主義가 아니고 共産主義였다고 하드라도 韓日合倂을 強要한 日本은 우리의 掠奪者를 免하지는 아니했을 것이다. 쏘聯이 現在 全 世界의 弱小民族에 對하여 掠奪하는 것은 쏘聯이 共産主義 國家가 아니고 資本主義 國家인 때문인가. 이것은 氏의 認識의 模糊性을 指摘하는 一例에 지나지 않으나 "文化的인 意味를 가진 新文化 運動의 歷史였든 것이다"(同書 一七頁 七行)라는 이러한 表現은 都大體 무엇을 意味하는 것일까. 文化的인 意味를 갖지 않은 文化運動이라는 것이 있다는 前提가 아니면 이러한 用語는 使用되지 못하는 것이다. 그러면 文化的인 意味를

―――――

11) 팜푸문: 팸플릿(pamphlet).

갖지 않은 文化運動이란 어떠한 文化運動인가, 萬一 그러한 文化運動이 實際로 있다면 그것은 文化運動이 아니라 文化라는 이름을 붙일 수 없는 무슨 딴 運動일 것이다. 이러한 認識과 表現의 不正確性에서 오는 氏의 模糊한 槪念的 文句는 비록 氏의 同 著書 속에만 있는 것이 아니라 氏의 모든 批評的인 文章의 거의 大部分을 차지하고 있는 것이다. 氏의 槪念的인 煙幕 속에서 躊躇하든 모든 文學人이 氏의 이러한 槪念의 空虛와 그 模糊性에서 氏의 文學的 正體를 暫次로 認識해 가게 되었다는 것은 多幸한 일이 아닐 수 없는 것이다.

그러면 이러한 氏의 槪念의 空虛와 그 模糊性이 氏의 어떠한 文學 意識 속에서 由來되어진 것일가. 나는 이를 解明하기 爲하여 氏의 惡의 摘發로서의 文學 意識을 살펴보기로 하겠다. 氏는 '文學은 惡을 摘發하는 것이다. 謀利輩를 摘發하고 貪官汚吏를 摘發하는 것이 文學이다'라고 말했다. 이러한 同一한 內容의 글을 數次에 亘하여 發表한 것으로 보아 이것이 氏의 文學的 原則의 하나임을 알 수 있는 것이다. 그러면 謀利輩와 貪官汚吏와 같은 것을 內容으로 하는 氏의 惡의 槪念은 무엇인가. 그것은 倫理的인 것이기보다는 道德的인 惡이며 法律的인 惡이다. 우리가 社會人의 한 사람으로서 이러한 惡을 摘發하고 告發하는 것은

當然한 義務가 아닐 수 없다. 그리고 이러한 惡을 摘發하는 것이 文學이 가질 수 있는 機能의 하나임은 勿論이다. 그러나 文學이 惡을 摘發하는 것이라는 것은 文學의 全的 表現이 아닐 뿐 아니라 文學의 主題인 人間性의 探求와 背馳되는 것이 아닐 수 없다. 文學은 道德的인 惡이나 法律的인 罪人 속에서도 善과 美를 發見하고 探求하는 努力이 아닐 수 없는 것이다. '뽀드렐'은 惡 속에서 가장 아름다운 美를 發見하였고 '뜨스뜨옆스키'는 法的 罪人 속에서 새로운 人間의 한 典型을 創造하기도 하였던 것이다. 文學이 眞實로 追求하고 摘發하는 것은 道德的이며 法律的인 惡이 아니라 人間에의 興味요 人間性의 追求가 아닐 수 없는 것이다. 그러면 氏의 이러한 惡의 摘發로서의 文學 意識은 어디에서 온 것인가. 그것은 氏가 人間의 究竟的인 課題가 무엇인가를 모르는 데에서 發源되어진 것이 아닐 수 없는 것이다. 氏는 모든 人生 問題가 目前의 政治的 要求나 社會的인 欲求 속에 있다고밖에는 더 생각하지 못하고 있는 것이다. 謀利輩와 貪官汚吏를 摘發해야 하는 것은 우리의 當面한 課題의 하나다. 그러나 이러한 課題는 '오날'이라는 時間的인 位置와 空間的인 場所를 떠나서는 無意味한 것이 아닐 수 없는 것이다. 그러나 文學의 課題는 이러한 時間的인 位置와 空間的인 場所를 떠나서는 無意味해지는 그러한

性質의 것이 되어서는 아니 되는 것이다. 그것은 空間과 時間의 制約 속에서만 意義를 가질 수 있는 一切의 時事的인 問題는 人間의 究竟的인 課題가 되어질 수는 없는 것이기 때문이다. 時間的으로 永遠히 空間的으로 無限한 意義를 가질 수 있는 問題만이 人間의 究竟的인 課題일 수 있는 것이다. 文學이 어느 時代의 어느 場所에서만 有効한 것이 아니라 永遠히 全 人類의 精神을 붓들고 나아갈 수 있는 것은 文學이 언제나 人間의 그러한 究竟的인 問題를 追求하고 表現하는 것이기 때문이다. 이러한 文學에 對한 根本的인 意識이 去勢되어 버린 氏가 人間의 究竟的인 課題를 每日같이 生起하는 時事的인 要求나 推移 속에서 發見하였다는 것은 어쩔 수 없는 일이였을 것이다. 氏의 눈에 謀利輩와 貪官汚吏를 摘發하는 것이 文學的 命題로 보여졌다는 것은 新聞 記事와 文學作品과를 混同할 수 있는 氏의 當然한 結論일 수 있었던 것이다. 그것은 氏의 文學 意識이라는 것이 時流 意識이요 時事的인 輿論 意識과 根本的으로는 조금도 다를 것이 없는 것이기 때문이다. 이러한 文學에 對한 根本的인 意識이 去勢되므로서 文學의 本質에 不感症이 되어 버린 氏의 文學的 命題가 時事的인 變動 如何에 따라 언제나 不安한 動搖를 持續해 왔다는 것은 當然한 論理的 歸結이었을 것이다. 氏의 '新倫理主義'니 '中間派文

學의 進出'이니 하는 모오든 것은 氏의 그러한 不安스럽게 動搖되는 表情이었던 것이다. 다만 조금 다른 點이 있다면 自己 自身의 文學觀의 貧困에 依하여 '맑스 이데오로기-'에게 언제나 壓倒當하고 있었다는 것이다. 氏에게 一貫한 것이 있었다면 唯物史觀을 批判할 能力의 缺如에서 가져진 그것에의 卑屈한 妥協이요 服從이었던 것이다. 氏가 林和 氏에게 强迫觀念을 느끼고 있는 것이 그 좋은 證左인 것이다. 氏의 該 著書가 原則的으로 얼마나 林和의 ≪朝鮮 新文學史≫에 立脚되어 있는가를 보아도 알 수 있는 것이다. 때로 그러한 것에 對한 批判의 態度를 表示해 보는 境遇도 있으나 그것은 언제나 原則的인 批判이 못 되고 枝葉的인 不滿에만 끝처저 있었던 것이다. 그러나 自己 自身의 一貫한 文學觀을 갖이 못한 氏의 時事 意識은 언제나 不安한 動搖를 免할 수는 없었던 것이다. 이러한 不安과 動搖가 文學에 對한 根本的이며 本質的인 理解에 對한 不感症에서 由來되어진 것임을 모르고 氏는 다만 自己의 이러한 不安과 動搖를 氏의 槪念的인 空虛와 模糊性으로서 自己와 함께 讀者를 欺瞞해 왔던 것이다. 이러한 槪念的인 空虛와 模糊性으로서 徹底히 擬裝된 ≪朝鮮 新文學 思潮史≫가 氏의 序文의 希望처럼 "暫定的인 有益"한 著書가 될 수는 없을 것이다. 그것은 한 人間의 失戀 自殺을 失戀的 事件

이라고 規定함으로서 安心해 버린 氏의 槪念的인 批評的 結論이 文學的인 結論은 勿論 아닌 文學의 出發點조차도 될 수 없는 것이기 때문이다. 오히려 文學은 白鐵 氏流의 槪念的인 規定에 安住할 수 없는 人間의 本質的인 要求에 依해서 發生되여지는 것이다. 그러므로 나는 오날과 같은 모든 것이 어렵고 重要한 時機에 있어 이러한 空虛하고 模糊한 槪念的인 規定的으로써 一貫된 ≪朝鮮 新文學 思潮 史≫와 같은 尨大한 浪費가 行해지고 있다는 것을 슬퍼하는 者이다.

≪문예≫, 1949. 8

近代 朝鮮 小說 思想 系譜論 序說
― 우리의 近代小說이 試驗한 思想的 課業

最近 나는 <近代 朝鮮 小說의 思想的 系譜>라는 尨大한 着想 아래 이미 그 最初의 몇 句節에 붓을 進行식히고 있는 途中에 있다. 이 一文은 未久에 完成될 同 拙稿의 序論의 한 形式이 될 것이다. 나는 이곳에서 내가 着想한 內容의 그 槪要를 밝혀 둠으로서 同學者의 參考로 提供하는 同時에 具體的인 本論에 들어가기 前에 나의 漠然한 着想을 한 개의 統一된 槪念으로 整理해 둠으로서 나의 最初의 意圖를 完遂하는 데 한 便宜를 얻고저 하는 것이다.

내가 <近代 朝鮮 小說의 思想的 系譜>라는 題目下에 意圖해 본 것은 李光洙 氏의 <無情>에서 出發하야 金東里 氏의 <黃土記>에 이르기까지의 우리의 近代小說이 試驗해 온 思想的 課業이라는 것이 어떤 것이였는가를 究明해 봄으로서 우리의 近代思想이 成長해 온 過程과 그 未來에의 展望을 解明 摸索해 보자는 데 있든 것이다. 그것은 <無情>이 우리의 近代的인 思想의 最初의 表現이였다면 <黃土記>는 <無情>에서 出發된 우리의 近代思想의 究竟的인 한 表現이였기 때문이다. 이것은 또한 <無情>이 우리의 近代에의 出發을 完成식힌 最初의 作品이라면 <黃土記>는 우리의 近代에의 終焉을 完成식힌 最後의 作品이라는 데 있는 것이다. 그러므로 나는 이곳에서 <無情>과 <黃土記>가 어찌하야 우리의 近代에의 出發과 그 終焉을 完成식힌 作品이며 그러한 <無情>에서 <黃土記>에 이르기까지의 우리의 近代小說이 영위해 온 思想的 課業이 무엇이였는가에 對한 그 總括的인 槪要만을 記錄해 보려고 하는 것이다.

*

春園 李光洙 氏의 最初의 長篇인 <無情>이 나타나기 以前에도 이미 <鬼의 聲>을 前後한 李仁植 其他 諸氏들의 新小說이라는 이름 아래 불리워진 近代的인 文學的 創作品은 數多하게 登場되고 있었으나 그러한 것이 처음으로 覺醒한 우리의 近代的인 感情이나 生活樣式을 充分히 反映식히고 表現해 주기에는 아직도 未熟하고 未備한 點이 많었든 것이다. 近代的인 生活에의 意欲의인 發芽는 若干 빚어졌으나 아직도 勸善懲惡의 묵은 意識조차도 完全히 脫皮하지 못하고 있는 狀態였다. 이러한 近代에의 微弱한 發芽 속에서 登場한 <無情>은 그 當時의 모든 開化人들의 近代的인 感覺과 情熱과 그 啓蒙主義的인 理念을 完全히 代辯해 줌으로서 우리의 近代에의 出發點을 明示해 준 우리의 最初의 近代的인 文學的 創作品이 되여졌든 것이다. <無情>이 取扱하고 主張하고 說敎해 온 自由主義的

인 戀愛觀 自由主義的인 結婚觀, 自然科學에의 驚異的인 新知識, 新文明에의 啓蒙 意識 等을 通하야 西歐的인 意味에 있어서의 近代的인 生活과 그 思想이 처음으로 이 땅에 表示되였든 것이다. 그러나 여기에 있어 우리가 注意해야 할 것은 그 當時의 開化人들의 熱狂的인 支持와 聲援 속에서 登場된 우리의 最初의 近代的인 作品인 <無情>이 우리의 最初의 近代的인 人間들이였든 그 當時의 開化人들을 한 사람도 明確한 形態로서 具象化식혀 놓지 못하였다는 것이다. <無情> 속에 登場된 數多한 人物들은 新文明을 說敎하기 위해서만 起用되고 있으며 그 說敎를 듣고 拍手치고 興奮하기 위해서만 登用되고 있는 것이다. 新文明에 對한 熱誠的인 說敎와 그 說敎에 對한 젊은 靑春男女의 興奮을 빼여 버린다면 <無情>의 作品的 生命은 그 依據的을 喪失하고 말 것이다. <無情>은 具體的인 作中人物들로서 成立된 作品이 아니라 作品 속에 흐르는 新時代에의 情熱로서 維持되여진 作品인 것이다. 그러므로 <無情>은 그 時代의 新文明에 對한 熱熱한 憧憬과 意欲이 具體的인 人間性을 通하지 않고 抽象的인 說敎나 情熱의 形式으로서만 提示되고 있는 것이다. 우리는 <無情>에서 四十年 前의 開化해 가려는, 熱誠的인 啓蒙期의 社會的인 雰圍氣나 時代的인 意欲을 눈앞에 再現해 볼 수는 있으나 登場人物의 具體的인 人間性이나 本質的인 性格 같은 것은 조곰도 發見할 수 없는 것이다. 이것은 그 時代의 開化人들의 그 大部分이 다 그러했든 것처럼 全世界에 向하야 처음으로 門戶가 開放된 이 땅에 潮水처럼 밀어오는 모든 近代的인 思潮를 作者는 하나도 빼놓지 않고 그 全部를 自己의 財産으로 所有하려고 하였기 때문이다. <無情>은 이러한 作者가 어떻게 해서든지 新時代의 모든 意識과 思潮의 그 全部를 代辯해 보려고 한 表現이였든 것이다. 作者에게 있어 重要한 것은 李光洙라는 한 個別者가 어떻게 살아야 하느냐 하는 問題가 아니다. 新時代를 覺醒한 開化人은 어떻게 살아야 하느냐 하는 問題였든 것이다. 이것이 <無情>으로 하여금 開化人의 情熱的인 啓蒙 指導書는 될 수 있었으나 우리의 最初의 近代的인 人間이였든 그 當時의 開化人을 한 사람도 明確하게 具象化식히지 못한 原因이 되였든 것이다. <無情>이 이렇게 한 사람의 우리의 最初의 近代的인 人物도 明確하게 具象化식히지 못했다는 것은 <無情>으로서 提示된 우리의 最初의 時代 意識이 明確한 近代가 아니라 新文明에의 情熱과 憧憬으로서 理解된 漠然한 近代였다는 것을 意味하는 것이다. 이것은 또한 우리의 最初의 近代人이였든 그 當時의 開化人들이 近代思想에의 漠然한 追從者는 되였으나 近代思

想의 明確한 所得者는 아니였다는 反證이기도 한 것이다. 이로서 우리들은 우리의 最初의 近代小說인 <無情>에서 分明히 우리의 最初의 近代에의 出發을 發見할 수는 있으나 그것은 明確한 近代가 아니라 漠然한 近代였다는 것을 알 수 있는 것이다. 그러므로 <無情>이 갖인 意義는 四十年 前의 아직도 未備하고 未熟했든 우리의 近代에의 出發을 完成식힌 最初의 作品이라는 데 있는 것이다.

*

그러나 이러한 漠然한 近代 意識 속에서 처음으로 갖게 된 우리의 近代를 좀 더 具體的으로 實踐해 보려는 意欲은 곳 發生되었든 것이다. 李光洙 氏의 一人 文壇 時節에 뒤이어 登場된 서로 다른 어떤 潮流의 代表的인 作家였든 金東仁, 朴鍾和, 李箕永 三氏의 出現이 그것이다. 金東仁 氏는 自然主義라는 明確한 近代思想의 하나를 그의 作品으로서 具體化식혔고 朴鍾和 氏는 浪漫主義라는 明確한 近代思想의 하나를 實踐해 본 作家 中의 한 사람이면 李箕永 氏는 唯物主義라는 明白한 近代思想의 巨流의 하나에 徹底해 온 代表的인 作家이다. 이 세 作家가 各各 實踐해 온 自然主義니 浪漫主義니 唯物主義니 하는 具體的인 近代思

想이 그들의 作品을 通하야 具體的으로 具像化됨으로서 <無情>에서 出發된 우리의 漠然한 近代 意識이 처음으로 이 땅에 具體的으로 形成되어졌든 것이다. 이렇게 처음으로 近代 意識이 이 땅에 具體的으로 形成됨으로서 漠然히 近代 意識에 陶醉되고 便乘되어 있었든 우리의 最初의 近代人이였든 開化人들은 近代 意識이 單純한 새로운 歡喜의 源泉이나 새로운 幸福의 温床만이 아니라 그것을 眞實로 所有한다는 것이 얼마나 어렵고 슬픈 것인가를 次次 알게 되였든 것이다. 金東仁 氏가 그가 갖게 된 自然主義라는 近代精神의 基礎 우에서 그때까지 우리 社會를 이끌고 온 모오든 人生의 權威와 偶像을 보기 좋게 否定하고 破壞해 가는 것을 보았을 때 作者는 勿論 近代的인 自覺을 가질려는 모오든 사람들에겐 크다란 勝利의 快感이 없지 않을 수 없었든 것이다. 그것은 支配者의 沒落과 敗北를 기뻐하는 被支配者의 拍手와 近似한 支持와 聲援을 받을 수 있었든 것이다. 지금까지 人間을 支配하고 人間에게 君臨해 온 모오든 偶像이 잡빠지고 그 앞에 伏屈하였든 地上의 權威가 뭃어지는 것을 보았을 때 사람들은 痛快하지 않을 수 없었든 것이다. 그러나 이러한 自然主義가 어떠한 絶望과 悲哀를 가져올 것인가에 對해서 配慮해 본다는 것은 처음으로 갖게 된 그들의 快感과 있는 그대로의 現實에 對한

信仰이 너무나 强했든 것이다. 그러나 얼마 가지 않어 自然科學的인 實證 精神에서 誘發된 自然主義의 悲哀와 絶望은 곧 닥처왔든 것이다. 金東仁 氏가 보여 준 自然主義의 究竟은 地上의 偶像과 權威를 否定하고 破壞해 버린 人生의 實態는 墮落과 殺人과 廢頹와 放火와 沒落과 性欲과 屍姦과 狂人이 橫行하는 요로케 못나고 醜하고 드럽고 비뚜러진 것이라는 것이였다. 現實과 人生은 餘地없이 暴露되였스나 最後로 남은 것은 眞實로 永遠히 살려는 사람에게 있어 否定的인 絶望과 悲哀뿐이였든 것이다. 權威를 否定하고 偶像을 破壞하고 現實을 暴露함으로서 人生과 自然의 眞正한 樣相을 發見하려든 自然主義는 단지 偉大한 것을 否定하고 醜惡하고 矮小한 것을 肯定하는 奇妙한 絶望과 悲哀에 떠러지고 마랐든 것이다. 朴鍾和 氏가 實踐해 보려고 한 浪漫主義나 李箕永 氏가 一貫하야 버리지 못한 唯物主義 역시 事情은 金東仁 氏의 自然主義와 조곰도 다를 것이 없었든 것이다. 이 땅의 浪漫主義는 小說家 朴鍾和 氏로서 代表된다기보다는 一群의 ≪白潮≫派 詩人들로서 代表된다고 보는 것이 正道이나 이 論考의 對象이 詩文學이 아니라 小說이기 때문에 ≪白潮≫派 詩人의 한 사람이며 初期 浪漫主義의 主唱者의 一人이였든 月灘 朴鍾和 氏를 引例한 데 不過한 것이다. ≪白潮≫派로부터 始

作된 우리의 浪漫主義도 西歐의 그것과 마찬가지로 自然主義에의 한 反抗의 形式으로서 그 光彩를 發해 왔든 것이다. 自然主義가 暴露해 놓은 嫌惡한 現實 속에서 人生이 肯定할 수 있는 꿈과 美를 發見하려 한 그들의 努力이 浪漫主義라는 近代思想의 明確한 土台를 가짐으로서 大膽한 主張을 實踐에 옴길 수 있었든 것이다. ≪白潮≫派의 詩人들이 '마돈나'를 노래 부르고 '나는 王이로소이다'를 高唱하였을 때 그러한 詩와 같은 꿈과 美의 殿堂이 이 땅에 確立되는 것도 같앴든 것이다. 朴鍾和 氏가 <黑房悲曲>으로서 年少한 自己의 浪漫을 노래한 것도 그러한 한 時節이였다. 開放된 新思潮의 모오든 눈부신 光景이 潮水처럼 작구 밀여오는 그러한 時節에 있어 한편에서 아모리 自然主義가 醜惡한 現實을 暴露해 가도 그 當時의 開放되여 가는 社會的인 雰圍氣는 ≪白潮≫派의 詩人들의 노래는 充分히 歡迎될 수 있었고 얼마든지 自己의 理想과 꿈과 抱負를 設定해 볼 수 있는 豐富한 社會的인 靑春이 넘처흐르고 있었든 것이다. 朝鮮의 初期 浪漫主義는 이러한 그 當時의 朝鮮의 社會的인 豐富한 靑春을 基盤으로 하고 成立되여졌든 것이다. 그것은 이러한 社會的인 靑春이 喪失되여 감에 따라 浪漫主義는 結實해 보지 못하고 시들어 갔기 때문이다. ≪白潮≫派의 詩人들은 모다 短命하였고 浪漫主義를

完成식힌 한 사람의 作家(小說家)도 남겨 놓지 못했다는 것은 그間의 消息을 傳해 주고 있는 것이다. 모두가 短命해 버린 ≪白潮≫派의 詩人들 속에서 오직 朴鍾和 氏만이 不充分하나마 歷史小說로서 燦爛히 빛낫든 浪漫主義를 完成해 보려 했으나 氏의 小說은 浪漫主義를 完成식히기에는 이미 氏의 浪漫 精神이 去勢되여 갓든 것이다. 氏가 生産해 놓은 그 數多한 歷史小說에서 浪漫的인 것을 發見하지 못하는 것은 아니나, 그것은 이미 眞正한 浪漫主義와는 別個의 領域으로 進展되여 갓든 것이다. 오히려 氏는 氏의 數多한 歷史小說에 있어서 懷古에의 安定을 希求하고 있었든 것이다. 氏가 그의 小說에서 眞實로 追求한 것은 浪漫主義가 아닌 單純한 懷古의 世界요 過去에의 未練과 愛情이였든 것이다. 여기에서 우리는 朴鍾和 氏의 浪漫主義가 꿈과 美의 第二의 現實을 創造하려 한 浪漫主義가 아니고 單純한 現實로부터의 逃避였다는 것을 알 수 있는 것이다. 社會的인 靑春이 茂盛하였을 때는 그때의 社會的인 靑春에 이끌리여 簡單하게 現實을 否定하고 꿈과 美의 第二의 現實을 노래 불러 보았으나 그러한 社會的인 靑春이 去勢되여 감에 따라 氏는 정말로 도라갈 곳을 이저버렸든 것이다. 이미 한번 내버린 現實로 다시 도라오기에는 自然主義가 暴露해 놓은 그 現實과 正面에서 本格的인 對決을 가질

自信도 없었을 뿐 아니라 已往에 現實을 떠나 본 慣習은 그러한 現實의 實態와 맛부디처 볼 勇氣를 내어 주지 않았든 것이다. 이리하야 氏가 到達한 世界는 浪漫主義的으로 새로운 第二의 現實을 創造하는 形式을 通하야 安易한 懷古에의 安定을 希求해 왔다는 것이다. 이것은 무엇을 意味하느냐 하며는 그렇게 눈부시든 浪漫主義도 自然主義와 마찬가지로 最初에 意圖한 幸福과 眞實을 가져다주지는 못했다는 것을 말하는 것이다. 李箕永 氏 역시 가장 正當한 史觀이며 가장 正確한 人生 觀察이라고 생각한 그의 唯物主義에서 以上 두 作家가 到達한 結果를 그대로 남겨 놓고 마랐든 것이다. 李箕永 氏가 自己를 한 개의 唯物主義者로서 어느 程度로 自處해 있었는지는 모르나(그것은 氏의 無意識的인 生理的 表現인지도 모르기 때문이다) '맑스-이데오로기-'는 있어도 그것을 眞實로 具現할 文學作品은 問題가 되지 않을 程度로 貧弱한 우리의 新文學의 傳統 속에서 그러한 系列의 完成된 作家를 求해 본다면 역시 李箕永 氏를 들지 않을 수 없을 것이다. 氏의 作品은 如何한 이 땅의 '맑스'文學論보다도 '맑스·이데오로기-'를 具現하는 데 非常히 成功한 最初의 文學的인 産物이였다. 그것은 氏의 모든 作品이 一部에서 말하는 進步的 '리알리즘'(唯物主義的 리알리즘)의 가장 徹底한 表現物이였기 때문이다. 氏의 모든 作品은 처음부터 끝까지 '이데오로기-'化할 수 있는 素材의 羅列에만 끝치고 있었든 것이다. 氏의 作品에 登場하는 모든 人物은 언제나 地主나 經營主에게 虐待받는 經濟的인 被支配者인 小作人이나 勞働者나 職工이 아니면 左翼 思想에 눈뜬 靑春의 左翼的인 啓蒙運動者였다. 그리고 더욱 重要한 것은 이렇게 登場된 作中의 人物들은 모다가 不當히 虐待받는 善男善女가 아니면 가장 人道的인 革命者이며 地主나 經營主나 雇傭主는 鐵則처럼 그러한 善男善女를 虐待하는 惡人으로 되여 있다는 點이다. 文學이 人間性의 追求요 表現임을 떠날 수 없는 우리들에게 機械的으로 으례히 地主나 經營主는 惡人이 되고 小作人이나 勞働者나 職工은 公理처럼 善男善女가 된다는 것은 怪異한 人生觀이 아닐 수 없는 것이다. 文學의 主體는 人間이요 文學이 眞實로 追求하는 것은 人間性이 아닐 수 없음으로 經濟的인 惡人이나 法의 罪人 속에서도 肯定할 수 있는 人間性을 發見하는 것이 文學의 機能이며 道德的 君子나 經濟的인 善人 속에서도 肯定할 수 없는 人間性을 指摘 追求하는 것이 文學의 本質的인 使命이 아닐 수 없는 것이다. 이러한 根本的인 文學이 本質에 無感覺的이였든 李箕永 氏의 史觀이나 人生觀은 完全히 公式的이며 機械的이 아니 될 수 없었든 것이다. ＜人間 修業＞에서 勞働者를 左

翼的으로 啓蒙하는 唯物論 解說 以外의 것을 發見할 수 없었든 우리는 <追悼會>나 <노루>나 <鼠火>와 같은 短篇 속에서 역시 唯物論的인 講義나 美談이나 生活 形式 以外의 아모것도 發掘할 수 없을 것이다. 氏의 作品으로서는 比較的 文學的인 香氣가 높다는 氏의 代表作인 <故鄕> 역시 精密한 한 개의 記錄은 될는지 모르나 文學的으로 形象化된 作品은 아니였든 것이다. 그러한 精密한 記錄이 唯物論的 '리알리즘'은 될는지 모르나 文學作品으로서는 不完全한 것이 아닐 수 없었든 것이다. 氏의 作品 속에는 우리가 要求하는 어떠한 文學的인 興趣도 없었을 뿐 아니라 作品의 어떠한 體臭나 個性이나 主體도 나타나 있지를 못했든 것이다. 이것은 무엇을 意味하느냐 하며는 氏의 作品 속에는 完全히 人間이 去勢되여 있었다는 것이다. 우리는 氏의 如何한 作品 속에서도 한 사람의 人間도 感覺할 수는 없었든 것이다. 이것은 氏가 氏의 文學을 人間의 表現으로서 생각하지를 못하고 '이데오로기-'의 表現 道具로서 錯覺하여 온 때문이다. 우리는 勿論 文學이 '이데오로기'를 傳達하는 한 形式임을 모르는 것은 아니나 그러한 境遇에 있어서도 作品에 表現되는 '이데오로기-'는 '이데오로기-' 그 自體로서 表現되는 것이 아니라 人間을 通해서만 具象化되여야 한다는 것을 잊을 수는 없는 것이다. '이데오로기'

가 人間化해서 나타나야 한다는 것이다. 여기에 '이데올로기'가 文學化될 수 있는 秘密이 있는 것이다. 그런데 氏는 이와 反對로 恒常 人間을 '이데올로기'化해서 提示하는 것이다. 그래서 氏는 文學의 主體가 人間이 못 되고 '이데올로기'가 되는 主客顚倒의 無味한 錯亂에 빠저 버린 것이다. 그러나 重要한 것은 文學이건 '이데올로기'이건 간에 人間의 主體는 人間性이 아닐 수는 없는 것이다. '이데올로기'라는 것 역시 人間이 自己의 理念을 確立하기 爲한 人間에게 附隨된 것이 아닐 수 없는 것이다. '이데올로기' 그 自體가 人間의 主體가 될 수는 없는 것이다. 人間의 主體는 어디까지든지 人間性에 있는 것이다. 이러한 根本的인 原則이 轉倒된 氏의 作品 속에 人間이 完全히 排除되고 去勢되고 喪失되어 있었다는 것은 必然的인 것이였을 것이다. 그러므로 더욱 致命的인 것은 氏의 모든 作品 속에 登場되는 人物은 모다가 어떤 '이데올로기-'의 化身에 지나지 않으며 氏의 作品 속에 展開되는 各種의 人間的 事件은 眞正한 人間의 生活의 營爲가 아니다. 單純한 '이데올로기'의 論理的인 展開에 지나지 않는 것이다. 近代的인 思潮가 가저온 가장 强力한 思想의 하나인 唯物主義를 具體的으로 形象化식혀 봄으로서 氏는 完全히 自己를 喪失하는 同時에 人間마저 喪失하고 마라 버린 것이다. 이리하야 漠然히 出發된

이 땅의 近代思想은 金東仁 氏의 自然主義에의 投足과 朴鍾和 氏의 浪漫主義에의 便乘과 李箕永 氏의 唯物主義에의 實踐으로 具體的인 形象을 갖우웠으나 하나는 現實 暴露의 絶望과 悲哀로 하나는 現實로부터의 逃避에서 가저진 懷古에의 安定으로 또 하나는 人間의 喪失이라는 우리의 最初의 情熱과 抱負와는 엉뚱한 結果로서 나타낫든 것이다. 그러나 金東仁 朴鍾和 李箕永 三氏가 우리에게 남겨준 文學的 業跡은 그들의 作品으로서 漠然했든 우리의 近代的인 意識이 自然主義니 浪漫主義니 唯物主義니 하는 具體的인 思想의 形態로서 처음으로 이 땅에 具體的으로 形成되여젓다는 데 있는 것이다.

이렇게 이 땅에 처음으로 具體的으로 形成된 우리의 近代的인 意識이 現實 暴露의 絶望과 悲哀와 現實로부터 逃避하지 않을 수 없는 懷古에서 安定과 人間의 喪失을 結果식혀 줌에 따라 처음으로 形成된 이 땅의 近代的인 意識과 思想은 새로히 動搖되고 彷徨하지 않을 수 없었든 것이다. 李泰俊, 李孝石, 安懷南, 兪鎭午, 金南天, 朴泰遠 諸氏 等의 一群의 作家들이 一貫한 世界觀이나 깊이 믿고 安心할 수 있는 一定한 思想의 基盤을 얻지 못하고 어떤 사람은 文章의 修鍊과 感傷에 어떤 사람은 詩的인 自然과 奢侈 속에 어떤 사람은 心理와 心境과 自己의 身邊의 世界로 어떤 사람은 左右의 觀念的인 相剋에서 自己를 잃치 않으려는 小市民的인 '모랄'의 世界로 어떤 사람은 告發精神으로 또 어떤 사람은 淸溪川 邊의 市井의 世界로 제각금 自己대로의 安定과 摸索의 世界로 投身해 간 것은 모다가 처음으로 이 땅에 具體的으로 形成되였든 우리의 近代精神的 動搖되고 彷徨해 간 한 表情이요 過程이였든 것이다. 李泰俊 氏의 文章 修鍊이나 <까마귀>와 같은 感傷이나, 李孝石 氏의 <花粉>과 같은 詩的 自然에의 憧憬이나 奢侈나, 安懷南 氏의 數多한 身邊雜記나, 兪鎭牛 氏의 <K 敎授와 金 講士>12)와 같은 自己 維持나 <痴情>과 같은 '모랄'이나 金南天 氏의 <大河>와 같은 家系譜에의 關心이나 朴泰遠 氏의 <川邊風景>과 같은 市井에의 耽溺과 같은 것이 모다 一貫한 世界觀이나 깊이 믿고 自己를 依據할 수 있는 思想的인 基礎를 갖지 못하고 動搖하고 彷徨하지 않을 수 없는 近代에의 懷疑的인 한 表情이였든 것이다. 그들은 金東仁 氏나 朴鍾和 氏나 李箕永 氏처럼 一定한 近代 思想의 하나에 自己를 맥기기에는 좀 賢明한 近代精神의 洗鍊者들이였든 것이다. 그들은 先輩들이 남겨 놓은 不幸을 되푸리하기보다는 오히려 不安한 懷疑를 維持해 가는

---

12) 실제 제목은 <김 강사와 T 교수>다.

것이 더욱 有益하다고 생각했든 것이다. 이들의 이러한 懷疑와 批判에서 發生되여진 것이기보다도 우리에게 近代를 보여 준 近代의 宗家인 西歐의 近代精神이 한 危機에 臨해 가고 있음을 본 데에서부터 招來되였든 것이다. 엇잿든 이 一聯의 作家들이 가진 意義는 金東仁, 朴鍾和, 李箕永 等의 諸氏에 依하야 이 땅에 처음으로 具體的으로 形成된 우리의 近代精神에 對하야 처음으로 懷疑를 告白할 수 있었다는 데 있는 것이며 그러한 一聯의 作家들에 依하야 처음으로 具體化된 우리의 近代 意識이 動搖되고 彷徨하였다는 데 있는 것이다.

*

이러한 우리의 近代精神에의 動搖와 彷徨과 懷疑가 새로운 現代的인 光明을 發見하기 前에 처음으로 具體化된 우리의 近代 意識이 그 動搖와 彷徨과 懷疑의 끝에 自意識의 分裂과 自己 解體를 招來케 되였다는 것은 必然的인 過程이였을는지도 모를 것이다. 우리의 近代 意識에의 動搖와 彷徨과 懷疑 끝에 自己 分裂과 自己 解體를 보여 준 作家로서 우리는 崔明翊, 李箱 兩氏를 들 수 있을 것이다. 崔明翊 氏가 自己 分裂을 完成한 最初의 作家라면 李箱 氏는

自己 解體를 完了한 最初의 作家인 것이다. <心紋>을 爲始한 <逆說>, <비 오는 길>, <無性格者>, <봄과 新作路> 等의 解放 前의 作品을 通하야 崔明翊 氏가 우리에게 보여 준 重要한 課題는 人間은 '어떻게 살아야 후회 없는 일생을 살 수 있을가'(<비 오는 길>의 一節)라는 問題였다. 氏는 이 課題를 解明하기 爲하야 人生에게서 가장 重要한 것이 무엇인가를 究明해 갔든 것이다. 知識人인 氏가 發見한 人生에게 가장 重要한 것은 眞理도 眞實도 知識도 思想도 名譽도 金錢도 良心도 善惡도 아모것도 아니였다. 그러한 것만으로서는 人間은 後悔 없는 一生을 살 수는 없었든 것이다. 그러면 氏가 眞實로 發見한 後悔 없는 一生이란 어떤 것이였는가. 氏는 끝까지 이를 究明해 갔으나 끝끝내 그 解答을 얻지 못하고 마랐든 것이다. 그것은 氏가 '어떻게 살아야 후회 없는 일생을 살 수 있을가'라는 課題를 提出하지 않을 수 없었든 同一한 時間에 '산 사람은 죽을 때까지 어떻게 해서든지 사라가지는 법이다'라는 自己가 내세운 自己의 課題를 冒瀆하는 解答이 提出되여졌기 때문이다. 氏는 '어떻게 살아야 후회 없는 일생을 살 수 있을가'라는 이 問題를 眞實로 解決하지 않고서는 살 수 없었든 同時에 그러한 自己의 課題를 冒瀆하는 '산 사람은 죽을 때까지 어떻게 해서든지 사라가는 법이다'라는 自己의 諦念 역

시 自己가 내세운 課題와 마찬가지로 그의 어쩔 수 없는 한 人生哲學이였든 것이다. 이 相反되는 課題와 解決은 氏에게 있어 抛棄도 否定도 할 수 없는 兩立되고 兩存된 꼭 같은 比重의 그 外의 모든 것을 懷疑해 버린 氏의 唯二의 自己의 眞實이며 實體였든 것이다. 그러면 이 相反되는 두 개의 어느 쪽에 氏의 主體는 자리 잡아야 하는가. 氏는 그 어느 쪽에도 자리 잡지 못하고 두 개의 相反되는 意識의 捕虜가 되어 버린 것이다. 우리가 氏에게서 바라본 것은 이렇게 自己를 徹底하게 分裂식혀 놓은 氏의 悲劇的인 自己 分裂의 樣相이였든 것이다. 이러한 崔明翊 氏의 自己 分裂이 動搖되고 彷徨하고 懷疑해 온 우리의 近代 意識이 結局은 分裂되고 마라 버린 한 樣像이라는 데 對해서는 길게 說明할 必要가 없을 것이다. 崔明翊 氏로서 分裂된 自己의 樣像을 보여 준 우리의 近代 意識은 李箱의 自己 解體로서 決定的인 崩壞를 보게 된 것이다. 도모지 알 수 없는 詩로서 自己 解體의 詩的 圖面을 보여 준 이 作者는 <失花>라는 稀有한 作品을 通하야 崔明翊 氏가 두 개로 分裂식힌 自己의 主體를 '너', '나', '李箱'이라는 세 개의 自己를 提示함으로서 徹底한 自己 解體를 試驗하였든 것이다. '너', '나', '李箱'이라는 自己의 三分身을 各各 獨立的으로 設定해 둠으로서 그 어느 分身에서도 自己의 三分身을 統一하고 統括할 수 있는 眞正한 自己의 主體의 存在를 完全히 認定하지 못함으로서 實로 絶望的인 近代 意識의 한 悲劇을 보여 주었든 것이다. 서로 戱弄하고 嘲笑하고 서로 慰撫하고 慰勞하는 形式으로서 奇妙하게 分身된 이 三個의 自己의 分身들은 結局 서로 도라갈 수 있는 主體的인 自己가 없다는 것으로서 이 分身의 悲劇은 致命的인 것이다. '나'는 '그'에게 가야 하는가 '나'가 '李箱'에게 합처야 하는가, '그'가 '나'에게 합처야 하는가. 主體的인 自己가 없는 分身들의 依據點은 끝끝내 보이지 않았든 것이다. '쉑스피어'가 <함렡> 속에서 '世上의 關節이 끊어졌다'는 무섭게 適中된 豫言의 한마디를 氏는 統括할 수 없는 三개의 自己의 分身들을 보여 줌으로서 이를 立證하였든 것이다. 이렇게 徹底하게 自己를 解體식혀 버린 人間이 그 以上으로 自己의 人生을 維持할 수 없었다는 것은 必然的인 것이였을 것이다. 論文도 쓰고 小說도 짓고 十分 後에 自己의 안해가 自己 아닌 男子의 품 안에 안겨 있을 것까지도 잘 알고 있는 <날개>의 主人公이 "나는 나의 안해의 職業을 모른다"는 무서운 人生 抛棄를 氏는 自己의 運命처럼 營爲해 갔든 것이다. 여기에서 우리가 發見할 수 있는 것은 李箱이 이러한 徹底한 自己 解體가 分裂된 우리의 近代 意識이 決定的으로 崩壞되었다는 近代精神의 한 赤信號를 말해 주고 있다는 事實일 것이다.

*

이렇게 決定的으로 崩壞된 우리의 近代精神이 最後로 直面하게 되는 世界는 虛無가 아닐 수 없는 것이다. 金東里氏의 <黃土記>는 이렇게 完全히 崩壞된 우리의 近代精神을 虛無로서 整理하고 淸算하려 한 最初의 草期的인 作品이다. 近代精神의 淸算으로서 登場한 氏는 人生의 究竟的인 運命을 虛無에서 發見하고 이를 打開하는 데 그의 모든 情熱을 밫어 온 사람이다. <黃土記>를 代表로 하는 氏의 一聯의 作品들은 分明히 人生의 究竟的인 課題가 虛無로 도라가 버리는 人間의 모오든 運命이 그대로 表現되어 있었든 것이다. 氏가 바라본 人類의 生活이라는 것은 그것이 그대로 虛無와의 遊戱였든 것이다. '억쇠'(<黃土記>의 主人公)에게 있어 그의 唯一한 生을 意味했든 한편 값있게 쓸 날을 기다렸든 그의 '이 힘'. 이겨도 저도 이미 無意味한 '득보'(同上)와의 싸움에 消費된다는 것은 '억쇠'의 全 生涯의 意味가 그대로 虛無에의 投身이었다는 것을 말해 주고 있는 것이다. 이러한 人間의 生의 行爲가 그대로 虛無에의 行爲라는 것은 氏의 지금까지의 모든 作品의 가장 根本的인 '모티브'가 되여 왔든 것이다. 이것은 全 人類의 모든 努力과 生의 意義와 近代的인 一切의 眞理와 思想의 內容이 自己의 人生 問題를 究竟的으로 解決하려는 사람에게 있어 그것은 단지 虛無의 變形에 지나지 않는다는 것이다. 氏가 이렇게 生을 虛無의 同義異語로서 發見하게 되었다는 것은 지금까지 氏를 形成식혀 준 모오든 近代思想에의 不信任을 말해 주는 것이다. 다시 말하자면 氏를 形成식혀 준 近代思想의 根本的인 要素인 科學主義 合理主義, 實證主義, 唯物主義 等의 槪念이나 觀念만을 가지고서는 人類의 運命은 解決되지도 않으며 眞實로 人類를 救援할 수 있는 眞理는 또한 認識되여지지 않는다는 것이다. 이로서 氏에 依하야 우리의 近代思想은 完全히 否定되고 마라 버린 것이다. 近代思想에의 이러한 完全한 否定은 氏로 하여금 새로운 思想과 精神을 意欲케 하였든 것이다. 이 새로운 思想과 精神의 內容과 性格에서만이 처음으로 우리들은 明瞭한 우리의 現代的인 基礎를 發見할 수 있게 되는 것이다. 그러나 問題는 어쩔 수 없이 虛無와 맛서게 된 氏가 自己 앞에 가로놓인 虛無에 屈伏되느냐 이를 克服하느냐 하는 데 달려 있는 것이다. 氏가 自己를 가로막고 있는 虛無에 屈伏한다면 우리는 아직도 새로운 사람이 우리의 現代 精神을 創造해 주기까지 虛無와 對決해 가지 않을 수 없을 것이며 氏가 自己를 가로막고 있는 虛無를 克服한다면 우리는 四十年 동안의 近代精神을 淸算하고 새로운 現代의 精神을 처음으로 가질 수 있게 될 것이다. 虛無를 克服하느냐 이에 屈伏하느냐 하는 二者擇一의 絶頂에 直面한 氏의, 虛無를 克服하기 爲하야 虛無에 抗戰하기도 하고 虛無에 反抗하기도 하고 第三 '휴-마니즘'을 主張해 보기도 하는 氏의 近業에서 새로운 呼吸과 主體 意識이 薄明 속에서 感覺되고 醱酵되고 있다는 것은 氏의 今後에 對한 우리의 注目과 關心을 이끌어 주는 事件이 아닐 수 없을 것이다. 不幸히 氏가 自己가 直面한 虛無에 屈伏되고 마는 境遇가 있드라도 <黃土記>로서 代表되는 氏의 思想史的인 意義는 崩壞된 우리의 近代 意識을 虛無로서 淸算한 最初의 代家라는 데 있는 것이다.

一九四九. 七

≪신천지≫, 1949. 8

救援에의 渴望
― 生의 創造로서의 文學

나는 最近 異常하게도 文學은 무엇 때문에 하는 것인가라는 懷疑를 가저 보게 되었다. 우리는 무엇 때문에 文學作品을 生産하려고 努力하며 무엇 때문에 作品을 읽을려고 하는가 하는 모든 사람이 이미 다 解決되었다는 듯이 安心해 버리고 있는 文學上의 한 原始的인 課題에 對한 懷疑를 갖게 되었다. 나의 이러한 이미 다 解決된 그러나 언제나 있을 수 있는 平凡하고도 切實한 懷疑는 最近에 發表된 몇 개의 作品을 通讀함으로서 發生된 것이다. 千篇一律的인 身邊雜記! 人生이나 現實을 그저 正確하게 精密하게만 觀察하고 複寫하려는 作品, 人生이나 現實의 苦惱나 悲劇을 逃避하고 忘却하기 爲해서만 쓰여진 作品, 眞實과의 對決을 回避한 詠嘆과 感傷에의 耽溺이 아니면 單純한 現實의 再現이나 그 複寫에만 끝처진 이러한 數多한 作品을 읽고 나는 都大體 이러한 作品이 나의 人生에 어떠한 意義를 가저다주고 있는가를 想定해 보지 않을 수 없었으며 이러한 作品을 生産한 作者는 이러한 작품을 생산함으로서 어떠한 意義를 獲得하였는가를 追求해 보지 않을 수 없었던 것이다. 그러나 不幸히도 나는 그러한 모든 作品들이 一般 讀者에게와 마찬가지로 作者 自身들에게도 아무런 意義를 가저다주지 못하였다는 結論을 아니 가질 수 없었던 것이다. 그것은 우리가 文學을 要求하고 文學에 從事하지 않을 수 없는 文學에의 根本的인 渴望에 對해서 아무런 解答도 보여 주지 못했던 때문이다. 우리가 文學을 要求하고 그 生産에 熱中하는 것은 苛酷한 眞實을 回避하고 小主觀的인 自我의 詠嘆이나 感傷에 耽溺하기 爲한 때문도 아닐 것이며 있는 그대로의 人生이나 現實을 文字 위에 再現 或은 反映하기 爲한 것만도 아닐 것이다. 그러한 것은 勿論 文學이 가질 수 있는 機能의 하나요, 文學이 追求할 수 있는 問題의 하나이기는 하나, 그것이 우리가 文學을 하지 않을 수 없는 가장 根本的이며 究竟的인 欲求라고는 말할 수 없는 것이다. 作者들이 그의 모든 것을 犧牲하고 抛棄해 가면서 作品을 生産하지 않을 수 없으며 이 奔忙하고 實利主義的인 現實 속에서 文學을 要求하지 않을 수 없는 一般 讀者들의 根底에는 文學에 對한 좀 더 根本的인 渴望이 있지 않을 수는 없는 것이다. 이 根本的인 人類의 渴望이 오늘까지의 世界文學史를 維持해 왔던 것이며 이것이 우리가 永遠히 文學을 要求해 가지 않을 수 없는 根源인 것이다. 그러면 이러한 文學에 對한 人類의 渴望이란 무엇인가. 나는 그것을 救援에의 渴望이라고 말하고 싶다. 人類가 이 地上에 그의 生存을 시작한 以後로 一時 一刻도 人類의 生存에 懷疑와 不安과 絶望과 虛無와 悲劇을 가져다주는 모든 宿命으로부터 自由로운 때는 있지 않았던 것이다. 眞理는 가장 쉽사리 單純한 公式인 境遇도 있었고 幸福은 단지 不幸의 變形에 지나지 않았으며 永遠과 瞬間은 錯亂되고 希望은 늘 絶望의 異名이기도 하였던 것이다. 가장 사랑하는 사람과 헤어지고도 살지 않을 수 없었으며 가장 信賴했던 친구의 背信을 當해도 人生은 抛棄할 수 없었으며 아무리 큰 不幸, 아무리 深刻한 絶望, 아무리 견딜 수 없는 苦惱와 悲劇을 當해도 人類는 살어가야 했던 것이다. 살아가야 한다는 것은 모든 生物의 攝理요 至上命令이다. 살아가야 했기 때문에 自身에게 닥처오는 一切의 不幸과 悲劇과 絶望과 虛無를 人類는 受納하지 않을 수 없었던 것이다. 오직 生을 抛棄할 수 있는 사람만이 人類가 受納하지 않을 수 없는 모든 宿命에서 解放될 수 있었을 뿐이다. 그러므로 生의 抛棄가 그 自身의 모든 不幸하고 悲劇的인 宿命에서 人類를 救援하는 길이라고 생각되었던 死의 讚美者들도 있을 수 있었던 것이다. 그러나 역시 人類는 살아가지 않을 수 없었으며 살아가지 않을 수 없었기 때문에 人類가 가진 모든 絶望과 苦惱와 不幸과 悲劇과 虛無를 經驗하고 生活하지 않을 수 없었던 것이다. 살려는 사람은 사라가는 사람은 누구도 이 人類의 불幸하고 悲劇的인 宿命을 回避할 수 있거나 그곳에서 解放될 수는 없었던 것이다.

그것은 그러한 모오든 것은 역시 人類가 自己의 生을 營

爲하려는 곳에서 생겨진 宿命的인 條件이며 必然的인 環境에 지나지 않는 것이기 때문이다. 人類는 역시 不幸 속에서 幸福을, 絶望 속에서 希望을, 悲劇 속에서 歡喜를, 虛無 속에서 意義를, 瞬間 속에서 永遠을 發見하고 創造해 가지 않을 수 없었던 것이다. 그렇게 함으로서만 人類는 그의 不幸에서 悲劇에서 絶望에서 虛無에서 救出될 수 있었으며 그렇게 함으로서만 人類는 그의 生을 維持할 수 있었던 것이다. 그러므로 그의 不幸하고 悲劇的인 宿命에서 救援을 意欲하는 모오든 人類의 努力과 渴望이 人類의 가장 根本的인 欲求요 欲望이 아닐 수 없으며 그것이 文學의 가장 究竟的인 課題가 아니 될 수 없는 것이다. 그것은 文學이라는 것이 人間의 가장 根本的인 欲求나 欲望의 表現 以外의 것이 되어질 수는 없는 것이기 때문이다. 우리는 때로 이러한 人類의 根本的인 要求와는 別個로 文學을 行爲하는 境遇가 없지도 않으나 그것은 一時的인 文學上의 外道가 아니면 邪道에 지나지 못하는 것이며 文學은 역시 救援을 意欲하는 人類의 渴望을 解決해 주는 하나의 藝術的인 表現이 아닐 수 없는 것이다.

이러한 意味에 있어 文學 한다는 것은 하나의 人類의 救援에의 渴望을 解決해 가는 求道的인 生에의 創造的인 行爲가 아닐 수 없는 것이다. 그러면 어찌하여 文學은 不幸

속에서 幸福을, 絶望 속에서 希望을, 悲劇 속에서 歡喜를 虛無 속에서 意義를, 瞬間 속에서 永遠을 發見 創造할 수 있는가, 그것은 文學이 究竟的으로 새로운 人類의 生의 한 形式을 創造함으로서 可能해지는 것이라고 볼 수 있는 것이다. 文學은 幸福할 수 있는 生을 創造함으로서 人類의 不幸한 生에 代替하고, 希望을 發見함으로서 그의 絶望을 克服하고, 歡喜를 發掘함으로서 悲劇을 征服하고, 意義를 賦與함으로서 虛無를 超克하고, 永遠을 意識함으로서 瞬間을 이겨 갈 수 있는 새로운 生을 創造해 가는 것이 아니면 아니 되기 때문이다. 그러므로 文學이란 人類가 그의 不幸하고도 悲劇的인 宿命에서 眞實로 救援받을 수 있는 새로운 生을 創造해 가는 人類의 가장 切實하고도 根本的인 要求와 渴望을 解決해 가는 偉大한 事業의 하나가 아닐 수 없는 것이다.

우리는 文學의 이러한 究竟的인 課題가 역시 人類의 그러한 救援에의 渴望을 解決하기 爲하여 發生된 宗敎의 究竟的인 理念과 一致되고 있음을 發見할 수 있을 것이다. 人類의 救援에의 渴望을 解決한다는 根本的인 意識엔 宗敎나 文學은 조곰도 그 差別이나 區別이 없는 것이다. 다만 區別되는 것이 있다면 人類의 救援에의 渴望을 解決하기 爲하여 宗敎는 처음부터 地上을 斷念한 天國을 觀念하고

文學은 宗敎가 斷念한 地上을 버릴 수 없다는 것뿐이다. 宗敎가 全혀 地上에 無關心할 수 없었고 文學이 때때로 天國을 '이메-지'해 온 것은 別個의 領域에서 同一한 事業에 從事하고 있는 根本의으로는 똑같은 두 개의 몸짓에 지나지 않었던 것이다. 그러나 重要한 것은 宗敎가 가진 天國에의 觀念이나 文學이 가진 地上에의 執着이 모다 꼭 같은 人類의 救援에의 渴望을 解決하려는 努力이요 念願에 不過하다는 것이다. 宗敎가 天國을 觀念함으로서 人類의 地上 生活을 解決하려고 하고 文學이 地上 生活에 執着함으로서 天國을 地上에 創造하려는 이 두 개의 人類의 努力은 究竟的으로 서로 別個의 것은 아닌 것이다.

그러나 그렇다고 나는 宗敎的인 人生이 반드시 文學이 追求하는 生의 한 形式이며 文學이 創造해 놓은 生이 그대로 宗敎的인 生의 한 形式이 된다는 것은 아니다. 宗敎的인 生이나 文學이 創造하는 生이 根本的으로는 人類의 救援에의 渴望을 解決하려는 곳에서 發生되었다는 點에 있어서는 同一하나 그것이 行使되고 形成되는 領域은 스사로 別個의 領土라는 것을 아니 믿을 수 없는 것이다[이에 對해서는 拙文 <文學의 領域>(≪白民≫ 十五輯) 參照]. 다만 나는 우리가 文學을 하지 않을 수 없는 것은 우리가 救援될 수 있는 우리 自身의 生의 意義를 創造하기 爲함이요 우리가 作品을 읽지 않을 수 없는 것은 그렇게 創造된 生의 意義 속에서 역시 救援받어야 할 讀者 自身의 生의 意義를 發見해 보자는 데 있는 것이 아닐 수 없다는 것뿐이다.

讀者에게 아무런 生의 意義도 아무런 救援에의 解決도 가저다주지 못하는 作品이나 그 作品을 創作함으로서 作者 自身도 아무런 救援이나 意義를 獲得할 수 없는 그러한 作品은 人類의 가장 根本的인 要求와 渴望에 無關心해 버린 一種의 文學的인 浪費가 아니면 趣味나 邪道에 지나지 않을 것이다. 作品의 한 字 한 句節은 救援을 渴望하는 作者의 生命의 反映이요 靈魂의 血書이여야 할 것이며 역시 救援을 渴望하는 모오든 讀者들의 生命과 靈魂에 對한 解答書이어야 할 것이다. 그러므로 文學은 무엇보다도 먼저 生의 意義를 去勢시키는 것이 아니라 生의 意義를 究明하고 創造해 가는 것이 되지 않으면 아니 될 것이다. 가장 積極的으로 生의 意義를 究明하고 이를 創造해 가는 努力만이 文學의 究竟的인 課題에 對한 가장 根源的인 立身이 되지 않어서는 아니 될 것이다.

一九四九. 九

≪민족문화≫, 1950. 1

批評人의 悲哀

－未知의 靑年 ×에게

아직 一面識도 없는 兄의 親切한 私信에 對하여 公開된 이러한 紙面을 通해서 對答하게 된 것을 容恕해 주십시요. 最近 公刊된 나의 著書에 對한 兄의 激勵와 不滿이 비록 지금까지 내가 여러 곳에서 받아 온 忠告와 批判과 그다지 다를 것이 없었다 해도 앞으로 批評으로서 獨自的인 한 領域을 開拓해 보려는 强烈한 情熱을 가진 兄의 私信에 對答하는 것이 最近 數 處에서 散見된 몇몇 作家들의 나에 對한 非難이나 不滿에 反駁을 加하는 것보다는 훨씬 즐거운 일로 생각되었던 까닭입니다. 그러나 兄의 私信 중에도 그들과 相通되는 部分이 全혀 없는 것도 아님으로 나 自身으로 봐서는 一顧의 價値도 없다고 認定되는 一部 몇몇 作家들의 나에 對한 無謀한 歪曲과 批難에 對한 것을 包含해서 兄의 誠實한 愛情에 對答하려고 합니다. 먼저 나는 兄이 이 땅의 批評文學의 傳統이라는 것에 對해서 暫時라도 關心을 가져 보아 주시기 바랍니다. 이 땅의 文藝評論에 對해서 함부로 不信과 不滿을 表示해 보는 것을 一種의 趣味로 생각하고 있는 一部의 作家들이 이 땅의 批評文學의 傳統에 對해서 조금이라도 생각해 본 일이 있는가 나는 늘 疑心하고 있읍니다. 그러나 批評으로서 文學的인 모든 欲望과 情熱을 表現해 보겠다는 兄과 같은 사람은 이 問題에 對해서 이미 自己대로의 어떤 認識을 가져오리라고 생각됩니다.

이 땅에 近代的인 文學 形式이 나타나기 始作한 것은 所謂 新文學 初創期로부터 起算하여 이제 겨우 四十年을 前後한 歲月이 經過되었을 뿐입니다. 이 짧은 歲月 속에서 우리가 덧덧히 자랑할 수 있고 우리의 古典이 될 수 있는 그러한 文學的 遺産이 무엇인가를 想定해 볼 때 우리는 스스로 부끄러움을 禁할 수 없을 것입니다. 그러나 그래도 詩나 小說에 있어서는 貧困한 대로의 遺産이 남아 있고 微力하나마 無形의 傳統이 作用되고 있음을 發見할 수 있는 것입니다. 우리는 아직도 몇 卷의 詩集과 몇 篇의 小說을 아무 부끄러움 없이 남에게 자랑할 수 있을 것이며 文學的인 價値가 반드시 높다 하지는 못할지라도 文學史的인 意義를 남겨 준 少數의 몇 사람의 詩人과 作家의 이름을 잊지 못할 것입니다. 이에 比해 본다면 우리는 남에게 자랑할 수 있는 한 卷의 評論集도 한 사람의 批評家도 發見해 내기 困難할 것입니다. 가령 한두 사람의 그러한 功勞人을 發見해 낸다 하더라도 荒蕪地에 가까운 新文學 四十年間의 批評의 空間을 메꾸어 낼 道理는 없을 것입니다. 더욱이 이 四十年間에 行使된 우리의 批評文學의 한 傳統을 想定해 본다는 것은 더욱 困難한 일일 것입니다. 新文學 四十年間에 行使된 우리의 批評的 文學이라는 것이 眞實로 무엇이었는가를 兄은 한번 생각해 주십시오. 그것은 斷片的인 文學에 關한 조그만 感想文이 아니면 月評의 한 形式으로 表現된 作品評이거나 作家論이 아니면 海外의 思潮를 槪念的으로라도 消化해 보려는 抽象的인 文學上의 어떤 主張이 아니면 生命이 없는 空虛한 原則論이거나 그렇지 않으면 主體를 잃어버린 論戰이거나 했던 것입니다.

어쩌다가 하나둘의 文學史 같은 種類의 것이 없는 것도 아니나 그러한 것일수록 資料의 羅列이거나 一貫한 文學觀을 缺한 皮相的인 年代記에 지나지 못했던 것입니다. 이 땅의 批評文學의 傳統을 이러한 斷片的인 感想文이나 月評式의 作品評이나 槪念的인 思潮의 主張이나 空虛한 原則論이나 資料의 收集과 같은 文學史에서밖에는 찾아볼 道理가 없다는 것은 얼마나 孤獨한 일입니까. 그러나 그러한 것이 우리의 批評文學의 全部며 그것을 떠나서 오늘의 우리의 批評的인 一切의 行爲는 있을 수 없었다던 것입니다. 보잘것없고 貧弱하기 짝이 없는 그러한 우리의 批評 行爲가 오늘의 우리의 모든 批評 行動의 基礎가 아니 될 수 없었다는 것은 슬픈 일일는지는 모르나 어쩔 수 없는 우리의 宿命이었던 것입니다. 그것을 우리가 아무리 高度한 批評情神을 가졌다고 해도 이것이 表現되어 나타나는 樣式은 過去의 그러한 批評의 貧弱한 傳統의 制約을 떠나서는 成就되지 않는 것이기 때문입니다. 내가 이러한 自明한 한

事實을 새로이 들추어내 보는 것은 現下 우리 文壇의 批評의 貧困을 辯護하기 爲해서가 아니라 이 땅의 批評文學은 詩나 小說과 같은 다른 '짱르'에 比해서 더욱 不幸한 條件 아래 놓여져 있다는 것을 高調해 둘 必要가 있다고 생각되었기 때문입니다. 그것은 解放 以後에 벼란간에 活氣를 띠우기 始作한 우리의 評壇이 事實은 依據할 아무런 批評的인 傳統도 없는 安心하고 自己를 投身할 수 있는 아무런 樣式도 없는 一種의 虛慌하고 아득한 荒蕪地에서 새로이 開拓되었다는 것을 잊지 말아야 할 것이기 때문입니다. 이러한 事實은 勿論 이 땅의 批評家가 自身의 無力을 辯明하는 口實이 되어서는 아니 될 것입니다. 그러나 이러한 事實은 詩나 小說 以上으로 批評의 完全된 한 體制를 要求하지 않고서는 견디지 못하는 一部의 作家들에 對해서는 分明히 새로운 認識이 되어져야 할 것입니다. 그것은 批評보다도 越等 優秀한 傳統과 遺産을 가진 詩나 小說이 아직도 낡아빠진 自然主義나 寫實主義의 無反省한 뒤풀이가 아니면 身邊雜記를 作品으로 誤解하는 墮性은 고만두고라도 先人이 보여 준 作品의 初步的인 完成에까지도 아직 未及한 致命的인 狀態에 놓여져 있다는 것에 對해서는 何等의 反省이나 自覺도 없이 詩나 小說에 比해서는 數十倍로 그 傳統이 微弱하고 본받을 遺産조차도 없는 荒蕪地에서 이제 겨우 새로이 始作되려는 批評에 對해서만은 오로지 그 完成을 要求하는 지나친 無謀가 是正되어져야 할 것이기 때문입니다. 이렇게 말한다고 해서 나를 現行하는 이 땅의 批評을 擁護하고 거기에 滿足하는 사람이라고 誤解해서는 아니 될 것입니다. 지금까지의 나는 批評人의 便이기보다는 作家의 便이었고 批評에 滿足을 느끼기보다는 批評에 根本的인 懷疑를 느껴 온 사람이기 때문입니다. 機會 있는 대로 表明해 온 바와 같이 나의 批評에의 投身은 批評에 對한 懷疑와 不滿에서 出發되었던 것입니다. 崔仁旭 氏와 같은 친구로부터 '한결같이 評論만 일삼는 판백이 評論家'라는 名譽인지 그 反對인지 알 수 없는 딱지까지 붙은 나와 같은 一種의 職業的인 批評人이 文藝評論에 對한 懷疑와 不滿에서 自己의 批評을 出發시켰다는 것은 一見 逆說 같은 말이 아닐 수 없으나 이 말에 對해서는 若干의 說明이 必要할 것 같습니다.

　文藝批評이 科學인지 哲學인지 뭔지는 모르나 그것이 文學인 以上 作品과 마찬가지의 創作的인 意義를 가저야 한다는 것은 나의 持論이었읍니다. 여기에서 創作的인 意義를 가저야 한다는 말은 批評도 作品과 마찬가지로 價値를 形象化해야 한다는 뜻입니다. 그러나 어느 程度 科學的인 分析과 論理的인 構成을 通하지 않고서는 自己를 表

現해 낼 수 없는 批評이라는 한 文學 形式이 어떻게 그가 判定한 價値를 作品처럼 再形象化할 수 있을 것인가 批評에 對한 나의 根本的인 懷疑는 이러한 곳에 있었던 것입니다. 文藝批評이 單純한 價値의 判斷에만 그치는 것이라면 우리는 그것을 구태어 文學이라는 冠詞를 붙칠 必要가 어디 있겠읍니까. 그러나 批評이 文學이라는 名譽를 確立하기 爲한 價値의 形象化란 科學的인 分析이나 論理的인 構成만으로서는 거의 不可能한 事業이 아닐 수 없는 것입니다. 그것이 어째서 不可能한 事業인가에 對해서는 創造의 秘密을 아는 사람이나 價値가 形象化되어 가는 微妙한 過程에 익숙한 사람에게는 이미 說明이 必要치 않는 한 自明한 認識이 되어 있을 것입니다. 그럼에도 不拘하고 그가 가진 文學的인 情熱이나 創造的인 慾望을 무슨 形式으로서던지 表現해 보지 않고서는 견딜 수 없는 곳에서 批評이라는 한 文學 形式이 發生되어졌던 것입니다. 이것은 어떤 意識的인 努力의 結果라고 보이기보다는 오히려 無意識的인 한 文學 行爲로서 나타났던 것입니다. 적어도 나의 境遇에 있어서는 그러했던 것입니다. 이러한 批評이라는 한 文學 形式에 根本的인 懷疑를 품고 있으면서도 그러한 形式은 버릴 수 없는 批評 行爲에 對해서 나는 커다란 文學的인 不滿을 가진 者입니다. 이러한 나의 懷疑와

不滿을 淺薄한 一部의 作家들이 批評 無用論으로 利用해도 좋고 批評이 가지는 權威와 威信을 故意로 抹殺해 보려고 惡用해도 좋은 것입니다. 그러나 批評이라는 한 文學 形式을 通하여 그의 文學的인 情熱과 創造的인 欲求를 表現해 보지 않을 수 없는 努力이 持續되는 限 아무도 批評이라는 이 아무렇지도 않는 文學 形式을 어찌 하지도 못할 것입니다. 다만 나의 이러한 懷疑와 不滿이 나의 批評的인 文字를 좀 더 創造的인 方向으로 좀 더 價値를 形象化시키는 努力으로 變容시켜 줄 수 있을 것을 기쁘게 생각하고 있을 뿐입니다.

그러나 더욱 不幸한 것은 批評이 가진 이러한 運命的인 缺陷이나 이 땅의 批評文學의 貧弱한 傳統보다도 오늘의 이 땅의 批評이 直面하고 있는 不利한 環境입니다. 오늘 이 땅에서 行使될 수 있는 或은 要求하고 있는 批評이 어떤 것인가를 兄은 알 것입니다. 兄은 어찌하여 月評이나 時評이 이 땅의 文藝評論을 代表하고 있느냐고 말했읍니다만 그것은 이 땅의 批評人의 本意라고 하기보다는 그것이 우리 文壇의 批評에의 要求와 關心의 最大限의 表現이라는 것을 알아야 할 것입니다. 五〇枚만 넘어도 이 땅에서는 모오든 '찌-나리즘'에서 拒絶當하는 것이 文藝評論이 가진 環境입니다. 一〇枚나 二, 三十枚의 時評에 應諾하는 程

度로서는 本格的인 批評文學의 進出은 아무래도 不可能할 것입니다. 어떤 非常한 天才가 있다 해도 이러한 惡條件 속에서는 能히 그의 才能을 發揮할 道理는 없을 것입니다. 이러한 環境 속에서 그래도 尨大한 著書를 내고 七, 八十枚의 評論을 無理해서 들고 나오는 사람들이야말로 그 內容 如何를 莫論하고 이 땅의 貧困한 批評文學을 새로히 確立해 보려는 先驅人들이 아닐 수 없는 것입니다. 그러나 이러한 批評의 不幸한 環境은 좀 더 致命的인 性格을 띠우고 있다는 것을 우리는 다시 記憶해야 할 것입니다. 그것은 批評에 對한 理解의 不足과 感情的인 迫害가 盛行하고 있다는 事實입니다. 自己의 作品이 默殺되거나 酷評을 當하면 批評한 사람을 미워하고[13] 그 權威를 깎으려는 일은 우리 文壇에 있어서는 거의 通例가 되어 있는 것입니다. 嚴正한 批評의 붓을 들려는 이 땅의 批評人은 몇 사람의 親分이 두터운 文壇人과의 깊은 友情이 斷絶될 것을 覺悟하지 않으면 아니 될 만큼 되어저 버렸읍니다.

이것은 무엇보다도 批評이 作品에 대한 價値判斷에만 그치는 것이 아니라 그러한 判斷을 通한 評者 自身의 文學

---

13) 원전에는 '그리워하고'로 되어 있으나 문맥상 어울리지 않아 수정했다.

的 構想을 完遂하려는 또 하나의 價値 創造라는 것을 全혀 알지 못한 데에서 原因되고 있는 것이 아닐 수 없읍니다.

現實이나 人生이 作家의 創作的인 對象이듯 作品이 評論家의 創作的 對象임을 모르는 때문입니다. 어느 作家가 人生이나 現實을 자기대로의 解釋을 通하여 再形成하는 것은 承認하면서도 作品에 對한 批評家의 獨自的인 解釋이나 理解에 對해서는 承認하려 들지 않는다는 것은 奇異한 現象이 아닐 수 없는 것입니다. 이러한 批評의 獨自的인 意義를 主觀批評이라고 해도 좋고 印象主義라고 해도 좋으나 었쨌든 그러한 批評의 獨自的인 意味를 拒否하는 現象은 評論家의 獨自的인 創作的 立場을 承認하기 前에 自己의 作品이 自己의 意圖대로 評價되지 못한 데 對한 不滿이 앞서 버렸기 때문이 아닌가 생각됩니다. 이러한 作家일수록 批評에 對한 輕蔑과 誤解가 甚한 사람은 또한 드문 것입니다. 이러한 作家가 어떻게 批評을 잘못 읽고 있는가에 對해서는 卑近한 例로 自然主義나 寫實主義에 對해서 가장 根本的인 不滿을 가장 많이 主張해 온 나와 같은 사람을 自然主義나 寫實主義의 禮讚者로 만들어 놓고 있다는 點 같은 것이 그것입니다. 나는 最近 몇 군데에서 主로 作家들 側으로부터 나의 論旨를 얼마나 엉뚱하게 歪曲 引用하고 있는가를 보아 온 것입니다. 그것이 兄이 念慮해 준 것과 같은 文壇의 黨派的인 故意의 歪曲은 決코 아닌 것입니다. 아무리 黨派的인 心理에 左右되고 있다고 해서 남의 論旨를 正反對로 引用할 수는 없는 것이 아닙니까. 問題는 남의 글을 어떻게 잘못 읽고 있는가 하는 客觀的인 認識의 不足에 原因되고 있는 것입니다. 이러한 貧困한 傳統的인 基盤과 批評에 對한 根本的인 懷疑와 不滿을 품은 채 이렇게 不利하고 騷亂한 環境 속에서 짧은 글이든 긴 글이든 時評이든 本格的인 것이든 그러한 것에 相關없이 오로지 自己의 文學的인 情熱과 抱負와 創造的인 欲望을 批評이라는 不安한 文學 形式으로서 成就해 보려는 批評人의 悲哀야말로 切實한 苦憫이 아닐 수 없는 것입니다. 이러한 悲哀는 勿論 우리 文壇의 모-든 批評人이 가진 悲哀는 아닐는지 모르나 이러한 悲哀를 느끼지 않는 批評人은 또한 이 땅에서는 그다지 많지 않을 것입니다.

兄은 多幸히 아직도 이러한 悲哀를 모르고 批評에 대한 旺盛한 情熱과 强烈한 抱負를 가지고 있읍니다. 나는 그러한 兄의 情熱과 抱負를 퍽 아름다운 것이라고 생각합니다. 序說이 너무 길어저서 兄의 그러한 아름다운 情熱과 抱負에 對해서 그리고 兄의 愛情 있는 激勵와 批判에 對해서 나는 아직 아무것도 記錄하지 못했읍니다만 나는 딴 機會에 이것을 말해 보려고 합니다.

≪경향신문≫, 1950. 2. 1~4

해설

 석재 조연현은 한국 현대문학사에 뚜렷한 족적을 남긴 비평가다. 잘 알려진 것처럼 그는 순수문학을 옹호하는 '청년문학가협회'(이하 '청문협')의 일원으로서 6·25전쟁 이후 김동리, 서정주, 조지훈 등과 더불어 남한 문단의 주류를 형성했으며 국어국문학의 학제 속에 현대문학을 하나의 분과 학문으로 정립시키는 데 일익을 담당했고, 유수 문예지를 주관하며 수많은 문인을 배출해 내어 문단의 흐름을 좌우하기도 했다. 이러한 사정으로 인해 조연현에 대한 평가는 그가 학계와 문단에서 행사했던 정치적 영향력을 밝히는 데에 집중되는 경향이 있다. 이는 조연현이 수완가임과 동시에 일류 비평가였다는 사실을 곧잘 간과하게 만든다. 당대 '면도칼'에 비유되었던 그의 비평은 좌파 계열 문학가들이 주축이 된 '조선문학가동맹'(이하 '문맹')과의 공방에서 순수문학파의 논리적 방어선을 구축하는 데 큰 역할을 해냈다. 이와 더불어 우리 문학사에서 비평이라는 문학 형식의 본질에 대한 물음을 제기한 최초의 비평가로 평가되기도 한다는 사실 역시 강조되어야 한다. 이 책에 선별된 그의 비평문은 해방 공간(1945. 8. 15~1948. 8. 15)으로부터 6·25전쟁 이전까지의 짧은 몇 년 동안 집약적으로 쓰인 것들이다. 1970년대 말까지 이어지는 그의 비평 이력에서 한 편린에 불과하지만 이 시기의 비평이 조연현의 비평 세계의 발원이라는 판단에서 선정한 것이다. 선정의 구체적인 이유는 이 시기 조연현 비평의 큰 줄기를 이루는 몇 개의 글에 대한 해설로 대신하고자 한다.

 비평가로 잘 알려진 조연현은 흥미롭게도 1938년 ≪조광≫의 독자 투고란에 <하나의 향락>이라는 시를 게재하며 문학가의 삶을 시작한다. 그는 후일 비평가가 된 연유를 '시국의 급박함' 때문이라고 설명하는데, 이는 다름 아니라 해방 공간에서 좌파 계열의 문학자들이 한국 문단의 선편을 쥐는 형국을 좌시할 수 없었다는 뜻이다. 그들과의 논리 공방을 수행하려면 '시'라는 예술의 한 형태보다 직접적 언어로 수행되는 '비평'이 더욱 효과적이었기 때문이다. 그러나 조연현은 다양한 지면에서 스스로 포기했던 '시'에 대한 미련을 드러낸다. 이는 비평이라는 형식이 시나 소설에 비해 이차적이라는 사실에서 오는 압박으로 풀이할 수 있다. 그는 밖으로는 '문맹'과의 논전을 통해 이러한 부채 의식을 일종의 소명 의식으로 전환하며 대립각을 세웠고 안으로는 자신이 몸담았던 '청문협'의 수장 김동리와의 대결 의식으로 전환하며 돌파구를 마련한다. '문맹'원 대다수가 월북하고 김동리마저 극복해 버린 1949년에 이르러서는 이 대결 의식은 비평 형식 자체에 대한 모색으로 수렴되고 나아가 비평가로서 자신의 삶의 윤리를 발견하는 데까지 이어진다.

이 책의 첫머리에 놓인 <논리와 생리>(1947. 9)는 ≪응향≫ 필화 사건에 대한 반응으로 좌파 계열의 문학가들에 대한 석재의 입장을 엿볼 수 있게 해 준다. 그들이 진리의 근거로 삼는 유물사관은 관념으로 이루어진 '논리'에 머물 뿐으로 '생리'에 해당되는 인간 삶의 본질을 낚아 올리기엔 성긴 그물일 수밖에 없다는 것이 비판의 요지다. 그는 유물사관이라는 '논리'에 기대어 창작에 임했으나 결과적으로는 반동으로 평가된 몇몇 문학가들을 예로 제시한다. "근본적인 것은 그렇게 쓰려고 했으나 그렇게 쓰여지지 않았다는 점에 있을 것이다. 다시 말하자면 그들의 논리적 진실은 유물사관을 위해서 실천한 것이건만 그들의 생리적 진실이 그것을 거부했다는 데 있을 것이다"라는 그의 언급은 유물사관에 입각한 문학가에 대한 그의 입장임과 동시에 근대라는 시대의 정신을 대표하는 합리주의 사유의 틀 전체에 대한 이의 제기에 해당되기도 한다.

둘째 글인 <고갈한 비판 정신>(1948. 3)에서는 조연현은 '청문협'의 실력자였던 최태응의 평문이 수준 미달임을 밝히며 '청문협' 내에서 자신의 비평이 가진 차별성을 간접적으로 드러낸다. 아울러 "김동리 씨의 여하한 평론적 문자도 나에겐 씨의 가장 저열한 작품의 한 구절보다도 무가치하게 생각되는 것이다"라는 구절도 주목을 요하는데, 창작에 대한 부채 의식이 순수문학파의 이론적 첨병을 자임했던 김동리와의 대결 의식으로 대체되고 있다는 사실을 보여 주기 때문이다. 이 대결은 김동리를 최고 수준의 소설가 지위에 묶어 두기와 김동리 비평의 틈을 발견하기라는 이중의 방식으로 진행된다. 전자는 이 책에 수록된 <허무에의 의지>(1948. 7)를 통해 수행되고, 후자는 <문학의 영역>(1948. 5)을 통해 달성된다.

<문학의 영역>(1948. 5)은 김동리의 평문 <문학 하는 것에 대한 사고>(1948. 3)에 대한 비판적 응답으로 제출되었다. 후일 김동리는 이 글의 요지에 맞게 자신의 평론을 수정한다. 이는 조연현이 제기한 비판이 매우 주효했음을 드러냄과 동시에 비평가 조연현이 비평가 김동리를 넘어서는 장면이기도 했다는 것을 방증한다. 김동리는 이미 유진오와 벌인 순수 논쟁에서 자신의 역량을 증명한 바 있고, 이후 해방 공간에서는 '구경적 생의 형식'이라는 문학관을 내세우며 '청문협'이 주장하는 순수문학의 이론적 근거를

마련한다. 조연현에게 결국 비평가 김동리를 넘어서는 일이란 그가 제시한 문학의 본령, '구경적 생의 형식'이라는 개념의 허점을 발견하는 것과 다름없었다. 김동리가 말했듯 '구경적 생의 형식'이 '자아 속에서 천지의 분신을 발견'하는 행위라면, 그가 제시한 문학은 분명 합리성으로 포섭되지 않는 운명의 불가해성을 받아들이는 종교적 행위와 구분되지 않는다. 문학이 자신의 영역을 초월해 버린 형국을 조연현은 날카롭게 인지하고 비판을 가한다.

> "문학이 '구경적인 생의 형식'을 지향하는 것은 사실이나 그것이 완성되는 순간 문학은 종교나 혹은 그 외의 철학과 같은 다른 영역으로 호적을 옮기고 만다는 것이다. 문학의 영역은 어디까지나 '구경적인 생의 형식'을 지향하는 과정에서만 성립되여질 수 있는 성질의 것이지 그것이 완성되면 문학과는 별개의 영역이 전개되지 않을 수 없는 것이다. (중략) 구경적 생의 형식이란 문학에 있어 언제나 아름다운 무지개일 수는 있으나 그 자체는 문학이 아닌 것이다."

조연현은 이 '지향하는 과정'을 '사상'이라 표현한다. 그는 '사상'이 '구경적 생의 형식'이라는 종교와 분명히 구별되는 이유를 다음과 같이 밝힌다. "사상이 신앙이나 관념과 다른 점은 사상이 무었을 형성할려는 데 있는 것이라면 신앙이나 관념은 이미 형성되여진 곳에 있"다고 말이다. '구경적 생의 형식'이란 문학의 한계를 이르는 말, 즉 문학의 영역이 끝나는 곳에 펼쳐진 무지개를 이르는 말이었음을 간파해 낸 것이다. 이로써 그는 명실공히 '청문협'의 이론적 수뇌를 자처할 수 있었다.

<비평의 논리와 생리>(1949. 3)는 조연현의 비평 중에서도 단연 주목을 요한다. 이는 조연현이 자신의 비평문학에서 이룰 수 있었던 가장 높은 경지이자 비평사 속에서 비평이라는 형식이 그 가치의 한계를 시험당한 첫 장면이기도 하기 때문이다. 시를 포기하며 평필을 잡았던 그에게 비평이라는 형식이 시나 소설에 비해 본원적으로 지닐 수밖에 없는 열등성은 반드시 해결해야 할 문제였다. 그는 비평의 '생리'에 해당하는 비평하는 '주체'에 주목하면서 실마리를 찾아낸다. 그는 먼저 비평의 본령은 대상을 '정확히 인식'하고 '정당한 평가'를 내리는 데 있다는 말로 글머리를 연다. 객관적 진리로 인정된 방법론에 의지하든 비평가 자신의 인상과 주관에 기대든 정확한 인식과 판단이 가능하다면 문제가 없는 것이다. 오히려 중요한 것은 이러한 판단을 수행하는 주체다. 과학주의 · 객관주의에 의거해 수행되는 비평은

대상에 대한 판단을 자신이 기대는 객관이나 과학에 떠넘겨 버리게 된다. '대상'이란 말 그대로 주체에 '대하여 있는 상'으로 언제나 그것을 파악하는 주체와 결부될 수밖에 없다. 객관적 진리에 의지해 자신의 비평이 정당하다고 주장한다고 해도 실상 그는 객관적 진리를 주장하는 것이 아니라 그 방법론을 객관적 진리로 보는 자신의 인식을 주장하고 있는 것이다. 비평의 대상과 객관적 진리를 서로 연결시키고 매개하는 것은 비평하는 주체의 몫이기 때문이다. 따라서 조연현은 어떠한 '주체를 확립'하느냐가 가장 중요한 문제라고 주장할 수 있었다. 이 대목에서 비평은 가치 창조의 형식으로 승격되며 시와 소설과 나란히 설 수 있게 되는데, 시·소설·비평은 확립된 주체가 표현하는 서로 다른 경로로서 존재할 뿐이기 때문이다.

> "시나 소설이 현실을 직접적으로 취급함으로서 작품을 통하야 작자의 세계를 표현하는 것처럼 비평은 대상의 가치를 평정하는 형식을 통하야 작자의 세계를 표현한다는 것이다. 그러므로 비평의 최초의 요구는 가치판단에 있으나 비평의 구경의 목적은 그러한 가치판단을 통하야 자기의 세계를 완성해 가는 시나 소설과 마찬가지의 가치 창조 사업이라는 것이다."

조연현의 눈엔 그가 대결했던 좌파 계열 비평이란 유물사관이라는 객관적 진리의 틀에 입각하여 작품의 가치를 단안해 왔고 이러한 객관적 진리를 드러내도록 작품을 선도하는 계몽적 기능만을 강조해 왔다. 비평을 수행하는 것은 언제나 주체이고 객관적 진리는 언제나 그것을 말하는 주체의 '생리'가 물들 수밖에 없다는 사실을 망각하며 그들이 수행한 비평의 정당성을 유지할 수 있었던 것이다. 이것은 객관주의·과학주의를 신념으로 삼는 비평가들의 심연이기도 하며 그들이 주도했던 한국 비평사의 심연이기도 했다. 그는 자신이 이반한 시에 비평을 나란히 세우기 위한 시도로써 주체를 발견해 내었으나 이는 결과적으로 우리 비평사가 그동안 망각함으로써 스스로의 정당성을 유지해 왔던 불편한 진실을 마주 보게 만들었던 것이다.

역설적이게도 그를 이러한 심연으로 인도한 것은 그가 대결했던 '구경적 생의 형식'이었다. '비평 – 문학'이라는 자신만의 무지개를 좇는 쉼 없는 과정을 통해 이러한 심연까지 나아가게 되었기 때문이다. 이는 조연현이 자신의 삶을 살아갈 윤리를 발견하게 만들기도 했는데, 그가 글 속에서 밝혔듯 진정한 비평은 진정한 비평적 주체를 확립하는 일과 구분될 수 없기 때문이다. 따라서 조연현은 자신이 발견한 진리를 몸소 살아 내야만 했다. 그에게 문학은 '구경적 삶의 형식'을 지향하는 과정을 말하며 이는 '사상'이라는 개념으로 표현된다. 비평이 문학을 향해 끝없이 나아가도록 만드는 과정을 몸소 살아 내는 것이 그가 자신의 인생을 통해 형성해야 할 비평 주체의 모습이자 윤리였던 것이다. 그러나 이는 좌절될 수밖에 없는 시도일 것이다. 왜냐하면 비평은 숙명적으로 그 대상인 시나 소설 없이는 성립될 수 없기 때문이다. 무엇에 대한 의식을 알 수 있을 뿐이지 의식 그 자체를 사유할 수 없는 무능이 우리의 숙명이듯이, 비평 역시 무엇에 대한 비평일 수 있을 뿐이지 대상과 분리되어서는 그 자체로 파악될 수도 성립될 수도 없었던 것이다. 이러한 맥락에서 <비평의 논리와 생리>는 우리 비평사의 심연이자 조연현이 자신의 윤리와 한계를 동시에 대면한 지점이라 할 수 있다.

<구원에의 갈망>(1950. 1)과 <비평인의 비애>(1950. 2. 4)는 자신의 윤리와 비평의 본질이 서로를 용납할 수 없다는 자각에서 오는 괴로움이 투명하게 드러나 있다. 특히 '미지의 청년 ×에게'라는 부제를 지닌 짧은 편지글 <비평인의 비애>는 퍽 흥미롭다. "오로지 자기의 문학적인 열정과 포부와 창조적인 욕망을 비평이라는 불안한 문학 형식으로서 성취해 보려는 비평인의 비애야말로 절실한 고

민이 아닐 수 없는 것입니다"라는 그의 언급은 자신이 가장 깊은 곳으로 침잠했고 그 수압을 견뎌 내기 괴로웠음을 여과 없이 나타내고 있기 때문이다. 비평이라는 문학 형식이 대상과 분리되어 성립할 수 없는 '불안'한 형식임을 잘 알고 있으면서도 마치 모른다는 듯이 계속해서 밀고 나아가려는 그의 노력은 "형은 다행히 이러한 비애를 모르고 비평에 대한 왕성한 열정과 강렬한 포부를 가지고 있습니다. 나는 그러한 형의 정열과 포부를 퍽 아름다운 것이라고 생각합니다"라는 발언과 겹쳐서 음미될 필요가 있다. 미지의 청년 ×의 모습 속에서 조연현 자신의 모습이 발견되기 때문이다.

그는 이러한 '비평인의 비애'를 타개할 방법으로 두 가지 출로를 모색한다. 하나가 문학사 쓰기요, 다른 하나가 에세이 쓰기다. 전자는 비평이 창작일 수 없음을 인정하며 비평이 도달할 수 있는 가치판단의 최고 영역으로 행보를 옮기는 일에 해당된다. 책에 실린 <개념의 공허와 그 모호성>(1949. 8)과 <근대 조선 소설 사상 계보론 서설>(1949. 8)은 이러한 행보 속에 발표된 것이다. 이에 반하여 후자는 비평의 독자성을 끝까지 고집하는 방식이다. 비평이 자신의 대상인 예술과 분리되면 비평으로 성립될 수 없고 에세이의 모습을 하게 되는 것, 그는 말년에 이러한 에세이식 비평 쓰기에 집중하며 자신이 발견한 윤리를 고집하려는 몸짓을 보인다.

해설에 언급하지 못한 글들 또한 이상에서 살펴본 조연현 비평의 큰 줄기를 배경으로 삼고 있다. 비교적 짧은 시기에 집약된 글들이 조연현 비평의 윤곽을 조망하는 데 부족하다는 것은 재론의 여지가 없다. 6·25전쟁 이후 펼쳐진 그의 비평 세계를 이 책에 수록된 글들과 함께 살펴보는 일은 조연현 비평의 명암을 두루 살피는 일이 될 것이다. 너무나도 당연한 이치이나 조연현이라는 거대한 비평가의 윤곽은 그가 지닌 명암을 함께 응시할 때 가시화될 수 있음을 거듭 강조해 둔다.

조연현은

석재 조연현은 1920년 9월 8일 경남 함안군 함안면 봉성동에서 출생했다. 1남 2녀 중 장남이다. 본관은 함안으로 집안의 세거지이기도 했다. 1933년 함안 공업보통학교를 졸업한 그는 바로 보성중학에 입학했으나 그해 10월 학업을 중단하고 다시 고등예비학교로 진학한다. 그러고는 이듬해 중동중학에 2학년으로 입교하여 교원 시인 김광섭과 만나 문학에 대한 열의를 키워 나갔던 것으로 보인다. 1935년 조연현은 중동중학을 그만두고 배재중학에 3학년으로 다시 편입한다. 이때부터 작품을 발표하기 시작하는데 그해 10월에 <과제>라는 시를 ≪시건설≫에 게재했고, 1937년엔 정태용 등과 동인지 ≪芽≫를 발간하여 두 편의 시를 싣는다. 그가 한곳에 적을 두지 않고 다양한 학교를 전전한 까닭은 외부적 상황은 아닌 듯하다. 학업보다 문학이 더 중요한 일로 여겨졌다던 때라고 술회한 것으로 보아 본인의 부적응이 잦은 이적의 이유로 생각된다. 1938년에 와서야 그는 비로소 본격적으로 문학가의 삶을 시작하는데, 이원조의 도움으로 ≪조광≫ 기성란에 <하나의 향락>을 발표하며 등단했던 것이다. 이때 그의 나이 19세였다. 이듬해 하얼빈에서 학생 노릇을 하며 1년간 체류한 그는 1940년 혜화전문학교(현 동국대학교)에 입학했다. 이때 조지훈을 만나 교유했으나 그것도 잠시, 다음 해인 1941년 모종의 학생 사건에 연루되어 중퇴하고 만다. 곡절 끝에 귀향하여 면 총력계 서기로 근무하던 중 해방을 맞이한다. 해방에 당면한 그의 대처는 매우 신속했다. 해방 즉시 상경하여 ≪예술부락≫을 창간했던 것이다.

1946년은 조연현의 생애에서 매우 중요한 사건들이 속속 일어난 해였다. 그는 동년 김동리, 서정주, 조지훈, 박목월, 곽종원 등과 함께 '청년문학가협회'를 결성하며 순수문학에 뜻을 모았다. 그들이 결성한 '청년문학가협회'가 주축이 되어 '전국문화단체총연합회', '전국문필가협회'를 발족했으며 조연현 역시 이에 동참했음은 주지의 사실이다. 이때부터 조연현은 시가 아닌 비평을 통해 좌파 계열 문학 단체 '조선문학가동맹'과 본격적인 대결을 펼치기 시작한다. 또한 최상남과 결혼하여 가정을 꾸리기까지 하는 등 여러모로 전환점이 되는 해였던 것이다. 이듬해인 1947년엔 ≪민주일보≫, ≪민중일보≫ 기자를 거쳐 ≪민국일보≫ 문화부장과 사회부장을 겸하고 ≪문학정신≫을 주재하는 등 왕성한 활동력을 보여 주는데, <논리와 생리>, <합리주의

의 초극>(≪경향신문≫)은 이때 쓰였다. 1948년엔 한국문학가협회를 결성, 수많은 평론을 발표하며 우익을 대표하는 이론가로서 입지를 다진다. <무식을 폭로>(≪구국≫), <고갈한 비판 정신>, <문학의 영역>, <비평문학론>(≪해동공론≫), <문학과 사상> 등등 조연현 비평의 성과들이 발표되었다. 이렇듯 해방 공간에서 수행된 비평들은 이듬해 그의 첫 평론집 ≪문학과 사상≫(세계문학사)으로 출간되었는데, 조연현의 비평을 언급할 때 가장 첫머리에 오르는 성과물에 해당된다.

 1950년 6·25 당시 조연현은 90일간 서울에 잔류하며 지하 생활을 견디고 9·28 수복 때 부산으로 피난을 갔다가 1953년 다시 상경하며 전쟁으로 위축되었던 문학 활동에 다시 활기를 찾는다. 1955년에 이르러 ≪현대문학≫을 창간하고 주간을 맡으며 수많은 문학인을 배출할 산도를 마련했다. 교육자로서 행보는 그가 42세가 되던 1961년부터 시작되는데 이해에 동국대학교 전임 교수로 취임하고 서울대·연세대·성균관대에서 강의를 시작했던 것이다. 동년 출간된 ≪한국현대문학사≫(1·2부 합본, 인간사)는 갓 분과 학문으로 자리 잡아 가던 현대문학의 학적 근거를 풍부하게 했다. 1968년 문협 파동으로 인해 김동리와 반목하여 잠시 문협을 탈퇴했던 일을 제하고는 문단에서 꾸준히 강력

한 영향력을 행사했다. ≪조연현 문학 전집≫(전 6권, 어문각)은 1977년 조연현 자신의 손을 거쳐 출간되는데, 자신이 썼던 비평문을 선별하여 싣고 있다는 점에서 나름의 의의를 지니고 있다. 1978년엔 동국대 교수를 사임하고 한양대학교 문과대학 학장으로 취임하여 교육자 생활을 이어 나가다 1981년 11월 24일 일본 체류 중 뇌졸중으로 사망했다. 그의 수상, 수훈 경력을 일별하자면 다음과 같다. 문화포상 수상(1963년), 대한민국예술상 수상(1965년), 예술원상 수상(1966년), 3·1문화상 수상(1970년), 국민훈장 동백장 수훈(1970년).

엮은이 서경석은

서경석은 1959년 서울에서 출생했다. 1979년 서울대학교 인문대학에 입학, 1992년 이 대학 국문과에서 <한설야 문학 연구>로 박사학위를 받았다. 주로 한국 경향소설과 그 전통에 관해 연구했고 1988년 ≪한국문학≫에 <분단문학의 기원>으로 신인상을 받으며 평론 활동을 시작했다. ≪한국 근대 리얼리즘 문학사 연구≫, ≪한국 근대문학사 연구≫ 등의 저서가 있으며 <해방 공간 소설의 현실 인식과 그 전망>, <해방 공간의 민족주의와 민족문학론> 등의 논문이 있다. 1992년부터 대구대학교 인문대학 국문과에서 근무하다 2001년 9월 한양대학교 인문대학 국어국문과 교수로 부임하여 오늘에 이르고 있다.

조연현 평론선집

지은이 조연현
엮은이 서경석
펴낸이 박영률

초판 1쇄 펴낸날 2015년 7월 6일

지식을만드는지식
121-869 서울시 마포구 월드컵북로 46 청원빌딩 3층
전화 (02) 7474 001, 팩스 (02) 736 5047
출판등록 2007년 8월 17일 제313-2007-000166호
전자우편 zmanz@eeel.net
홈페이지 www.zmanz.kr

ZMANZ
3F. Chungwon Bldg., 46, World Cup buk-ro,
Mapo-gu, Seoul 121-869, Korea
phone 82 2 7474 001, fax 82 2 736 5047
e-mail zmanz@eeel.net
homepage www.zmanz.kr

ⓒ 조광권, 2015
ⓒ 서경석, 2015

지식을만드는지식은 커뮤니케이션북스(주)의 인문 출판 브랜드입니다.
이 책은 저작권자와 계약하여 발행했습니다.

ISBN 979-11-304-5780-2
979-11-304-6267-7(세트)
책값은 뒤표지에 있습니다.